HİNT TURŞUSU HAYATI YEMEK KİTABI

100 Nefis Tarifle Hint Turşusu Yapımı Sanatına Dalın

Azra Turan

Telif Hakkı Malzemesi ©2024

Her hakkı saklıdır

Bu kitabın hiçbir bölümü, incelemede kullanılan kısa alıntılar dışında, yayıncının ve telif hakkı sahibinin uygun yazılı izni olmadan, hiçbir şekilde veya yöntemle kullanılamaz veya aktarılamaz. Bu kitap tıbbi, hukuki veya diğer profesyonel tavsiyelerin yerine geçmemelidir.

İÇİNDEKİLER

İÇİNDEKİLER 3
GİRİİŞ 6
MEYVE HATASI 7
   1. Amaretto Kızılcık Chutney 8
   2. Kızılcık-İncir Chutney 10
   3. Ejderha Meyve Turşusu 12
   4. Kızılcık Portakal Turşusu 14
   5. Fiji Şili Mango Chutney 16
   6. Mango Chutney 18
   7. Fiji Baharatlı Demirhindi Chutney 20
   8. Kültürlü Baharatlı Şeftali Chutney 22
   9. İncir Turşusu ve Kırmızı Soğan Turşusu 24
   10. Mürver Erik Turşusu 26
   11. Karamelize Armut ve Nar Turşusu 28
   12. Keskin (Fermente) Meyve Turşusu 30
   13. Şekerlenmiş Meyve Turşusu 32
   14. Meyve Barbekü Hint turşusu 34
   15. Tatlı ve Ekşi Papaya Chutney 36
   16. Elma ve Kuru Erik Turşusu 38
   17. Carambola Hint Turşusu 40
   18. Kakule Baharatlı Ayva Chutney 42
   19. Banana Chutney 44
   20. Hurma ve Portakal Turşusu 46
   21. Taze Ananas Chutney 48
   22. Misket Limonu Turşusu 50
   23. Limon-Elma Chutney 52
   24. Füme Elma Turşusu 54
   25. Nektarin Chutney 56
   26. Hızlı Şeftali Chutney 58
   27. Kakule Baharatlı Mango Chutney 60
   28. Biberli Karpuz Chutney 62
   29. Üzümlü Erik Chutney 65
   30. Sirkeli Şeftali Chutney 67
   31. Garlicky Limon Chutney 70
   32. Ananas ve Jalapeno Chutney 72
   33. Baharatlı Elma ve Kızılcık Chutney 74
   34. Tatlı ve Baharatlı Mango Chutney 76
   35. Vişne ve Balsamik Hint Turşusu 78
   36. Armut ve Zencefil Chutney 80
   37. Baharatlı Erik Turşusu 82
   38. Kivi ve Ananas Chutney 84

SEBZE HATASI 86
39. PATLICAN VE DOMATES TURŞUSU 87
40. RAVENT HİNT TURŞUSU 90
41. SOĞAN TURŞUSU 92
42. KABAK TURŞUSU 94
43. ŞİLİLİ DOMATES TURŞUSU 96
44. HAVUÇ VE ZENCEFİL CHUTNEY 99
45. DOLMALIK BİBER TURŞUSU 101
46. BAHARATLI KARNABAHAR CHUTNEY 103
47. PANCAR TURŞUSU 105
48. ISPANAK VE FISTIK CHUTNEY 107
49. TURP CHUTNEY 109
50. MISIR VE DOMATES TURŞUSU 111
51. YEŞİL FASULYE TURŞUSU 113
52. BAHARATLI YEŞİL DOMATES TURŞUSU 115
53. BALKABAĞI VE KURU ÜZÜM CHUTNEY 117
54. ISPANAK VE HİNDİSTAN CEVİZİ CHUTNEY 119
55. TURP VE NANE CHUTNEY 121
56. KIRMIZI BİBER (BİBER) VE DOMATES TURŞUSU 123
57. BAHARATLI BRİNJAL (PATLICAN) HİNT TURŞUSU 125
58. BAHARATLI HAVUÇ TURŞUSU 127
59. TANGY RIDGE KABAK (LUFFA) HİNT TURŞUSU 129

BİTKİ HASTALIĞI 131
60. FİJİ KİŞNİŞ VE LİMON CHUTNEY 132
61. KİŞNİŞ-NANE CHUTNEY 134
62. HİNDİSTAN CEVİZLİ KİŞNİŞ HİNT TURŞUSU 136
63. ANANAS NANE CHUTNEY 138
64. ÇEMEN FİLİZ VE DOMATES CHUTNEY 140
65. KİŞNİŞ CHUTNEY 142
66. FESLEĞEN PESTO CHUTNEY 144
67. DEREOTU VE YOĞURT CHUTNEY 146
68. MAYDANOZ VE CEVİZ CHUTNEY 148
69. BİBERİYE VE BADEM CHUTNEY 150
70. NANE VE KAJU CHUTNEY 152
71. KİŞNİŞ VE FISTIK CHUTNEY 154
72. FRENK SOĞANI VE CEVİZ CHUTNEY 156
73. ADAÇAYI VE FINDIK CHUTNEY 158
74. LİMONLU KEKİK CHUTNEY 160
75. TARHUN VE FISTIK CHUTNEY 162
76. KEKİK VE CEVİZ CHUTNEY 164
77. ADAÇAYI VE ÇAM FISTIĞI TURŞUSU 166
78. BİBERİYE VE SARIMSAK HİNT TURŞUSU 168
79. FRENK SOĞANI VE LİMON KABUĞU RENDESİ TURŞUSU 170

80. ADAÇAYI VE LİMONLU KEKİK CHUTNEY 172
81. FESLEĞEN VE GÜNEŞTE KURUTULMUŞ DOMATES TURŞUSU 174
82. TARHUN VE ARPACIK SOĞANI TURŞUSU 176
83. LİMON VERBENA VE BADEM CHUTNEY 178
84. MERCANKÖŞK VE FINDIK CHUTNEY 180
85. KEKİK VE CEVİZLİ CHUTNEY 182

ÇİÇEK HASTALIĞI 184
86. KUŞBURNU VE SULTANAS CHUTNEY 185
87. LAVANTA VE BALLI HİNT TURŞUSU 187
88. GÜL YAPRAĞI VE KAKULE HİNT TURŞUSU 189
89. MÜRVER ÇİÇEĞİ VE LİMON CHUTNEY 191
90. KABAK ÇİÇEĞİ TURŞUSU 193

BİBER HASTALIĞI 195
91. SICAK BİBER CHUTNEY 196
92. HABANERO ELMA TURŞUSU 198
93. YEŞİL BİBER VE KİŞNİŞ CHUTNEY 200
94. TATLI BİBER TURŞUSU 202
95. HİNDİSTAN CEVİZLİ BİBER TURŞUSU 204
96. DOLMALIK BİBER CHİLİ CHUTNEY 206

CEVİZ HASTALIĞI 208
97. FISTIK CHUTNEY 209
98. BADEM CHUTNEY 211
99. KAJU FISTIĞI CHUTNEY 213
100. CEVİZ CHUTNEY 215

ÇÖZÜM 217

GİRİŞ

" HİNT TURŞUSU HAYATI YEMEK KİTABI: 100 Nefis Tarifle Chutney Yapımı Sanatına Dalın" kitabına hoş geldiniz. Cesur lezzetleri, canlı renkleri ve çok yönlü kullanımlarıyla Chutney'ler, Hint mutfağının temel taşıdır ve dünya çapında sevilen bir çeşnidir. Bu yemek kitabında sizi Hint turşusu yapımının zengin ve çeşitli dünyasını keşfetmeye, yemeklerinizi zenginleştirecek ve damak tadınızı uyandıracak 100 lezzetli tarifi keşfetmeye davet ediyoruz.

Chutney'ler sadece eşlik etmekten daha fazlasıdır; lezzet, denge ve geleneğin bir kutlamasıdır. Bu yemek kitabında, uyumlu lezzet karışımları oluşturmak için en taze malzemeleri seçmekten baharatları, tatlılığı ve asitliği dengelemeye kadar Hint turşusu yapma sanatını inceleyeceğiz . İster mango turşusu ve nane turşusu gibi klasik favorilerin hayranı olun, ister yenilikçi kombinasyonlar ve modern dokunuşlarla denemeler yapmaya istekli olun, bu sayfalarda bol miktarda ilham bulacaksınız.

Bu yemek kitabındaki her tarif, yaptığınız her Hint turşusunun lezzet ve özgünlükle dolu olmasını sağlayacak şekilde özen ve dikkatle hazırlanmıştır. Keskin domates turşusundan ateşli yeşil biber turşusuna, tatlı ve baharatlı ananas turşusundan aromatik hindistan cevizi turşusuna kadar her damak zevkine ve her duruma uygun bir Hint turşusu vardır.

Açık talimatlar, faydalı ipuçları ve çarpıcı fotoğraflarla "HİNT TURŞUSU HAYATI YEMEK KİTABI", kendi mutfağınızda Hint turşusu yapma sanatında ustalaşmanızı kolaylaştırıyor. Hint yemeklerini en sevdiğiniz Hint yemeklerinin yanında servis ediyor, sandviç ve dürümlere katıyor veya marinatlara ve soslara lezzet katmak için kullanıyor olun, bu tariflerin sizi etkileyeceği ve keyif vereceği kesindir.

MEYVE HATASI

1.Amaretto Kızılcık Chutney

İÇİNDEKİLER:
- 1 su bardağı taze kızılcık
- ¼ bardak Amaretto likörü
- ¼ bardak elma sirkesi
- ¼ bardak bal
- ¼ bardak doğranmış soğan
- 1 yemek kaşığı rendelenmiş taze zencefil
- ¼ çay kaşığı tarçın
- Tatmak için biber ve tuz

TALİMATLAR:
a) Orta boy bir tencerede kızılcık, Amaretto, elma sirkesi, bal, soğan, zencefil, tarçın, tuz ve karabiberi birleştirin.
b) Orta ateşte, ara sıra karıştırarak kaynamaya getirin.
c) Kızılcıklar patlayana ve karışım koyulaşana kadar yaklaşık 10-15 dakika pişirin.
ç) Baharatı damak tadınıza göre ayarlayın, istenirse daha fazla tuz veya bal ekleyin.
d) Kavrulmuş etler için çeşni olarak veya sandviçler için sürülebilir olarak servis yapın.

2.Kızılcık-İncir Chutney

İÇİNDEKİLER:

- 4 su bardağı kızılcık, iri doğranmış
- 1 inçlik topuz zencefil kökü, soyulmuş ve ince kıyılmış
- 1 büyük göbek portakalı, dörde bölünmüş ve ince doğranmış
- 1 küçük Soğan, ince doğranmış
- ½ su bardağı Kurutulmuş kuş üzümü
- 5 Kuru incir, ince doğranmış
- ½ bardak ceviz, kızartılmış ve iri kıyılmış
- 2 yemek kaşığı Hardal tohumu
- 2 yemek kaşığı elma sirkesi
- ¾ bardak Bourbon veya Scotch viski (isteğe bağlı)
- 1½ su bardağı Açık kahverengi şeker
- 2 çay kaşığı Öğütülmüş tarçın
- 1 çay kaşığı toz hindistan cevizi
- ½ çay kaşığı öğütülmüş karanfil
- ½ çay kaşığı Tuz
- ⅛ çay kaşığı kırmızı biber

TALİMATLAR:

a) 4 litrelik bir tencerede iri doğranmış kızılcıkları, ince kıyılmış zencefili, ince doğranmış göbek portakalını, doğranmış soğanı, kurutulmuş kuş üzümünü, doğranmış kuru incirleri, kızartılmış ve doğranmış cevizleri, hardal tohumlarını, kıyılmış zencefili, elma sirkesini ve viskiyi (varsa) birleştirin. kullanarak).

b) Küçük bir kapta esmer şekeri, tarçını, hindistan cevizini, karanfili, tuzu ve kırmızı biberi iyice karıştırın.

c) Küçük kasedeki kuru malzemeleri diğer malzemelerle birlikte tencereye ekleyin. Her şeyi birleştirmek için karıştırın.

ç) Karışımı kaynama noktasına gelene kadar ısıtın.

d) Isıyı azaltın ve Hint turşusunu sık sık karıştırarak 25-30 dakika kaynamaya bırakın.

e) Bittiğinde, Hint turşusunun soğumasını bekleyin ve ardından 2 haftaya kadar buzdolabında saklayın. Alternatif olarak 1 yıla kadar dondurulabilir.

f) Lezzetli kızılcık incir Chutney'inizin tadını çıkarın!

3.Ejderha Meyve Turşusu

İÇİNDEKİLER:

- 1 ejderha meyvesi, doğranmış
- 1 yemek kaşığı bitkisel yağ
- 1 küçük soğan, ince doğranmış
- 2 diş sarımsak, kıyılmış
- 1 yemek kaşığı rendelenmiş zencefil
- ¼ bardak esmer şeker
- ¼ bardak elma sirkesi
- ¼ çay kaşığı öğütülmüş tarçın
- Tatmak için biber ve tuz

TALİMATLAR:

a) Yağı orta boy bir tencerede orta ateşte ısıtın.
b) Soğanı, sarımsağı ve zencefili ekleyin ve soğan yumuşak ve yarı şeffaf olana kadar yaklaşık 5 dakika soteleyin.
c) Ejder meyvesini, esmer şekeri, elma sirkesini, tarçını, tuzu ve karabiberi ekleyin.
ç) Kaynamaya bırakın, ardından ısıyı azaltın ve sos kalınlaşana ve ejderha meyvesi yumuşayana kadar yaklaşık 15-20 dakika pişirin.
d) Izgara etler için çeşni olarak veya Çin böreği için daldırma sosu olarak servis yapın.

4.Kızılcık Portakal Turşusu

İÇİNDEKİLER:
- 24 ons bütün kızılcık , durulanmış
- 2 su bardağı beyaz soğan , doğranmış
- 4 çay kaşığı zencefil , soyulmuş, rendelenmiş
- 2 su bardağı altın kuru üzüm
- 1 1/2 su bardağı beyaz şeker
- 2 bardak %5 beyaz damıtılmış sirke
- 1 1/2 su bardağı kahverengi şeker
- 1 su bardağı portakal suyu
- 3 çubuk tarçın

TALİMATLAR:
a) Hollandalı bir fırın kullanarak tüm malzemeleri birleştirin . Yüksek ateşte kaynatın ; 15 dakika kaynatın .
b) Tarçın çubuklarını çıkarın ve atın.
c) Kavanozlara 1/2 inç boşluk bırakarak doldurun .
ç) Hava kabarcıklarını serbest bırakın.
d) Kavanozları sıkıca kapatın, ardından su banyosunda 5 dakika ısıtın.

5.Fiji Şili Mango Chutney

İÇİNDEKİLER:
- 2 olgun mango, soyulmuş, çekirdeği çıkarılmış ve doğranmış
- ½ bardak) şeker
- ¼ bardak sirke
- 2-3 adet kırmızı pul biber (ince kıyılmış) (baharat tercihinize göre ayarlayın)
- ½ çay kaşığı zencefil, rendelenmiş
- ½ çay kaşığı öğütülmüş karanfil
- Tatmak için tuz

TALİMATLAR:
a) Bir tencerede mango, şeker, sirke, kırmızı biber, zencefil, öğütülmüş karanfil ve bir tutam tuzu birleştirin.
b) Karışım kalınlaşana ve mangolar yumuşayana kadar ara sıra karıştırarak kısık ateşte pişirin.
c) Hint turşusunu soğumaya bırakın ve ardından bir kavanozda saklayın. Bu baharatlı mango turşusu yemeklerinize tatlı ve baharatlı bir tat katmak için mükemmeldir.

6.Mango Chutney

İÇİNDEKİLER:
- 11 su bardağı doğranmış olgunlaşmamış mango
- 2 1/2 yemek kaşığı rendelenmiş taze zencefil
- 4 1/2 su bardağı şeker
- 1 çay kaşığı konserve tuzu
- 1 1/2 yemek kaşığı doğranmış taze sarımsak
- 3 bardak %5 beyaz damıtılmış sirke
- 2 1/2 bardak sarı soğan, doğranmış
- 2 1/2 bardak altın kuru üzüm
- 4 çay kaşığı biber tozu r

TALİMATLAR:
a) Şeker ve sirkeyi bir kapta birleştirin depo. 5 dakika getirin. Diğer tüm malzemeleri ekleyin.
b) Ara sıra hareket ederek 25 dakika pişirin.
c) Karışımı kavanozlara doldurun ve 1/2 inçlik boşluk bırakın. Hava kabarcıklarını serbest bırakın.
ç) Kavanozları sıkıca kapatın, ardından su banyosunda 5 dakika ısıtın.

7.Fiji Baharatlı Demirhindi Chutney

İÇİNDEKİLER:
- 1 bardak demirhindi posası
- ½ su bardağı esmer şeker
- ¼ bardak su
- 2-3 diş sarımsak, kıyılmış
- 1-2 adet kırmızı pul biber (ince kıyılmış) (baharat tercihinize göre ayarlayın)
- Tatmak için tuz

TALİMATLAR:
a) Bir tencerede demirhindi posası, esmer şeker, su, kıyılmış sarımsak ve doğranmış biberleri birleştirin.
b) Karışım koyulaşıncaya ve şeker eriyene kadar sürekli karıştırarak kısık ateşte pişirin.
c) Tatmak için tuzla tatlandırın.
ç) Hint turşusunun soğumasını bekleyin, ardından baharatlı Fiji mezesi olarak servis yapın. Kızartılmış veya ızgara atıştırmalıklarla iyi uyum sağlar.

8. Kültürlü Baharatlı Şeftali Chutney

İÇİNDEKİLER:
- ½ küçük soğan, doğranmış (yaklaşık ⅓ bardak doğranmış) ve sotelenmiş
- 2 orta boy şeftali, çekirdekleri çıkarılmış ve iri doğranmış
- ½ çay kaşığı rafine edilmemiş deniz tuzu
- Karabiberi sıkın
- ⅛ çay kaşığı karanfil
- ¼ çay kaşığı zerdeçal tozu
- ½ çay kaşığı öğütülmüş kişniş
- ½ çay kaşığı tarçın
- 1 acı biber, kurutulmuş ve ezilmiş
- 3 yemek kaşığı peynir altı suyu, 2 probiyotik kapsül veya ½ çay kaşığı probiyotik tozu

TALİMATLAR:
a) Tüm malzemeleri bir kasede birleştirin; Probiyotik kapsül kullanıyorsanız içeriğini meyve karışımına boşaltın ve boş kapsül kabuklarını atın.
b) İyice karışana kadar karıştırın. Karışımı yarım litrelik bir kapaklı kavanoza dökün, üzerini örtün ve oda sıcaklığında yaklaşık on iki saat bekletin.
c) Yaklaşık dört gün boyunca saklanması gereken buzdolabında saklayın.

9.İncir Turşusu ve Kırmızı Soğan Turşusu

İÇİNDEKİLER:
- 2 su bardağı taze incir, dörde bölünmüş
- 1 büyük kırmızı soğan, ince dilimlenmiş
- 1 su bardağı kırmızı şarap sirkesi
- 1/2 bardak bal
- 1 çay kaşığı hardal tohumu
- 1/2 çay kaşığı karabiber
- Bir tutam tuz

TALİMATLAR:
a) Bir tencerede dörde bölünmüş incir, ince dilimlenmiş kırmızı soğan, kırmızı şarap sirkesi, bal, hardal tohumu, karabiber ve bir tutam tuzu birleştirin.

b) Karışımı kaynama noktasına getirin ve incirler ve soğanlar yumuşayana kadar pişirin.

c) Hint turşusunu temiz kavanozlara aktarmadan önce soğumasını bekleyin. Mühürleyin ve soğutun.

10.Mürver Erik Turşusu

İÇİNDEKİLER:

- ½ bardak kırmızı soğan, doğranmış
- 1 yemek kaşığı zeytinyağı
- 4 koyu erik, çekirdekleri çıkarılmış ve doğranmış (yaklaşık 2 bardak)
- ½ su bardağı kurutulmuş kuşburnu (veya kuru üzüm)
- ¾ bardak şeker
- 1 çay kaşığı öğütülmüş tarçın
- ½ çay kaşığı öğütülmüş zencefil
- ½ çay kaşığı kurutulmuş karanfil
- 1 su bardağı Mürver Sirkesi

TALİMATLAR:

a) 2 litrelik bir tencerede, soğanı zeytinyağında orta ateşte, yarı saydam olana kadar sürekli karıştırarak yaklaşık 5 dakika soteleyin.

b) Erikleri, kuşburnunu, şekeri, tarçını, zencefili, karanfilleri ve mürver sirkesini ekleyin. Isıyı orta-düşük seviyeye indirin ve meyveler çökene ve karışım koyulaşana kadar, yaklaşık 25 dakika, kapağı açık pişirin. Yapışmayı önlemek için sık sık karıştırın.

c) Hint turşusunun soğumasını bekleyin ve küçük boy bir kavanoza kaşıkla dökün. Buzdolabında 6 aya kadar saklayın (eğer önce yemezseniz!)

ç) SAĞLIK İPUCU: Koyu kırmızı, mavi ve mor pigmentli gıdalar, antosiyaninler adı verilen ve kardiyovasküler sağlık, kanserin önlenmesi ve glikoz seviyelerinin düzenlenmesi için faydalı olan faydalı antioksidanlar bakımından doğal olarak yüksektir. Mürver meyveleri, yüksek düzeydeki antiviral aktiviteleri nedeniyle özellikle soğuk algınlığı ve gribin önlenmesinde listemin başında yer alıyor. Çaylar, şuruplar, sirkeler, çalılar ve jöleler gibi mürver preparatları solunum sağlığını iyileştirebilir, üst solunum yolu iltihaplarını hafifletebilir ve tıkalı akciğerler için balgam söktürücü görevi görebilir.

11.Karamelize Armut ve Nar Turşusu

İÇİNDEKİLER:
- 2 büyük olgun armut (soyulmuş, çekirdeği çıkarılmış ve doğranmış)
- 1 su bardağı nar taneleri
- ½ su bardağı esmer şeker
- ¼ bardak elma sirkesi
- 1 çay kaşığı öğütülmüş tarçın
- ½ çay kaşığı öğütülmüş zencefil
- ¼ çay kaşığı öğütülmüş karanfil
- Bir tutam tuz
- 1 yemek kaşığı zeytinyağı

TALİMATLAR:
a) Bir tavada zeytinyağını orta ateşte ısıtın. Doğranmış armutları ekleyin ve yumuşayana kadar 3-4 dakika soteleyin.

b) Armutların üzerine esmer şekeri serpin ve sık sık karıştırarak, şeker karamelize olup armutları kaplayana kadar yaklaşık 5-7 dakika pişirmeye devam edin. Tavayı yağdan arındırmak için karıştırarak elma sirkesini dökün.

c) Nar tanelerini, öğütülmüş tarçını, öğütülmüş zencefili, öğütülmüş karanfilleri ve bir tutam tuzu ekleyin. İyice karıştırın.

ç) Isıyı en aza indirin ve 10 dakika daha veya Hint turşusu kalınlaşana kadar pişirin.

d) Ateşten alın ve Hint turşusunu bir kavanoza veya kaba aktarmadan önce soğumaya bırakın.

12. Keskin (Fermente) Meyve Turşusu

İÇİNDEKİLER:
- 3-4 soyulmuş, doğranmış elma, şeftali veya ½ doğranmış ananas
- ½ bardak doğranmış kuru kayısı, kuru erik, sarı kuru üzüm, kızılcık, kiraz, ceviz
- 1 dilimlenmiş pırasa
- İki limon suyu
- Yoğurttan veya su kefirinden veya kombuchadan süzülmüş ¼ bardak peynir altı suyu (iyi fermantasyonu garanti eder)
- 2 çay kaşığı deniz tuzu
- 1 çay kaşığı tarçın
- ⅛ çay kaşığı kırmızı biber gevreği
- Üzerini kaplayacak kadar su veya Hindistan cevizi suyu

TALİMATLAR:
a) Büyük bir kapta su hariç tüm malzemeleri karıştırın.
b) Temiz cam kavanozlara, üst kısmında bir veya iki inç boşluk kalacak şekilde paketleyin.
c) Üzerini kapatıp oda sıcaklığında 2-3 gün dinlendirin.
ç) Bir aya kadar buzdolabında saklayın veya dondurun.

13.Şekerlenmiş Meyve Turşusu

İÇİNDEKİLER:
- 2 su bardağı karışık şekerlenmiş meyve, doğranmış
- 1 su bardağı kuru kayısı, doğranmış
- 1/2 bardak kuru üzüm
- 1 su bardağı esmer şeker
- 1 su bardağı elma sirkesi
- 1 çay kaşığı öğütülmüş zencefil
- 1/2 çay kaşığı öğütülmüş tarçın
- Bir tutam acı biber (isteğe bağlı)

TALİMATLAR:
a) Bir tencerede tüm malzemeleri birleştirin ve kaynatın.
b) Isıyı azaltın ve 30-40 dakika veya Hint turşusu kalınlaşana kadar pişirin.
c) Servis yapmadan önce soğumasını bekleyin.
ç) Bu Hint turşusu, kavrulmuş etlerle, peynirle veya sandviçlerin üzerine sürülerek iyi bir şekilde eşleşir.

14.Meyve Barbekü Hint turşusu

İÇİNDEKİLER:
- 16 adet küçük arpacık soğan
- 1¼ bardak Kuru beyaz şarap
- 4 orta boy Kayısı
- 2 büyük Şeftali
- 2 Bütün erik domates
- 12 Bütün kuru erik
- 2 orta boy diş sarımsak
- 2 yemek kaşığı Düşük sodyum soya sosu
- ½ su bardağı esmer şeker
- ¼ çay kaşığı kırmızı biber gevreği

TALİMATLAR:
a) Küçük bir tencerede arpacık soğanı ve şarabı karıştırın; yüksek ateşte kaynatın.
b) orta dereceye düşürün ve kaynamaya bırakın, kapağını kapatın, arpacık soğanlar yumuşayana kadar, 15 ila 20 dakika
c) Geriye kalan malzemeleri büyük bir tencerede karıştırın, arpacık soğanı ve şarabı ekleyin ve yüksek ateşte kaynatın. Isıyı orta dereceye düşürün ; meyveler parçalanıp hala biraz iri olana kadar pişirin, 10 ila 15 dakika. Soğumaya bırakın.
ç) Taşınmak Sosun bir kısmını mutfak robotuna aktarın ve püre haline getirin. Bunu salamura olarak kullanın

15.Tatlı ve Ekşi Papaya Chutney

İÇİNDEKİLER:
- 1 Papaya (taze; olgun veya kavanozlanmış)
- 1 küçük Kırmızı soğan;Çok ince parçalara ayrılmış
- 1 orta boy Domates (2'ye kadar); çekirdekleri çıkarılmış, küçük doğranmış
- ½ bardak dilimlenmiş yeşil soğan
- 1 küçük Ananas;parçalara bölünmüş
- 1 yemek kaşığı Bal
- Tuz;tadı
- Taze çekilmiş karabiber;tatmak için
- ½Taze jalapeno;ince doğranmış

TALİMATLAR:
Bir karıştırıcıda karıştırın

16.Elma ve Kuru Erik Turşusu

İÇİNDEKİLER:

- 700 Gr.(1 pound,8 oz.)elma, soyulmuş, çekirdeği çıkarılmış ve doğranmış
- 1250 Gr.(2 pound,11 oz.)kuru erik
- 450 Gr.(1 pound)soğan, soyulmuş ve doğranmış
- 2 su bardağı Sultaniye
- 2 su bardağı elma sirkesi
- 2⅔ bardak Yumuşak esmer şeker
- 1 yemek kaşığı Tuz
- 1 çay kaşığı Öğütülmüş, yenibahar
- 1 çay kaşığı Öğütülmüş zencefil
- ¼ çay kaşığı Öğütülmüş hindistan cevizi
- ¼ çay kaşığı toz kırmızı biber
- ¼ çay kaşığı Karanfil
- 2 çay kaşığı Hardal tohumu
- Sterilize edilmiş cam kavanozlar

TALİMATLAR:

Tüm malzemeleri oldukça büyük bir tavada kaynatın. Isıyı azaltın. Yaklaşık 2 saat pişirin.

Karışım yeterince koyulaştığında, turşuyu sterilize edilmiş kavanozlara dökün ve hemen kapatın.

17.Carambola Hint Turşusu

İÇİNDEKİLER:
- 2 bardak Carambola (yıldız meyvesi) küp şeklinde (3/4 lb)
- ¼ bardak Şeker
- ½ fincan Kuru kırmızı şarap
- 1 yemek kaşığı Zencefil, soyulmuş, ince doğranmış
- ¼ çay kaşığı Karanfil
- 2 yemek kaşığı Beyaz şarap sirkesi

TALİMATLAR:
Tüm malzemeleri orta dereceli bir tencerede karıştırın ve iyice karıştırın. Orta -yüksek ateşte kaynatın ve 25 dakika veya hafif koyulaşana kadar pişirin.

18.Kakule Baharatlı Ayva Chutney

İÇİNDEKİLER:
- 2 ayva, soyulmuş, çekirdeği çıkarılmış ve doğranmış
- 1 soğan, ince doğranmış
- 1/2 su bardağı esmer şeker
- 1/4 su bardağı elma sirkesi
- 1 çay kaşığı öğütülmüş kakule
- 1/2 çay kaşığı öğütülmüş tarçın
- 1/4 çay kaşığı öğütülmüş karanfil
- Bir tutam tuz

TALİMATLAR:
a) Bir tencerede doğranmış ayvaları, doğranmış soğanı, esmer şekeri, elma sirkesini, öğütülmüş kakuleyi, öğütülmüş tarçını, öğütülmüş karanfilleri ve bir tutam tuzu birleştirin.
b) Karışımı kaynama noktasına getirin, ardından ısıyı azaltın ve yaklaşık 30-40 dakika veya ayvalar yumuşayana ve Hint turşusu kalınlaşana kadar pişirin.
c) Tatlılığı ve baharatı damak tadınıza göre ayarlayın.
ç) Servis yapmadan önce ayva turşusunun soğumasını bekleyin. Peynirle, kavrulmuş etlerle veya sandviçlere çeşni olarak iyi uyum sağlar.

19. Banana Chutney

İÇİNDEKİLER:
- 6 Muz
- 1 su bardağı kıyılmış soğan
- 1 su bardağı kuru üzüm
- 1 su bardağı kıyılmış tart elma
- 1 su bardağı elma sirkesi
- 2 su bardağı Şeker
- 1 yemek kaşığı Tuz
- 1 çay kaşığı Öğütülmüş zencefil
- 1 çay kaşığı Hindistan cevizi
- ¼ bardak Acı Biber
- ⅓ bardak limon suyu
- 3 diş sarımsak-kıyılmış

TALİMATLAR:
Muzları soyun ve ezin. Büyük bir güveç kabında tüm malzemeleri karıştırın. Ara sıra karıştırarak 350° ızgarada yaklaşık 2 saat pişirin. Kıvam aldığında sterilize edilmiş kavanozlara koyun ve kapatın.

20.Hurma ve Portakal Turşusu

İÇİNDEKİLER:
- 1 pound İşlenmemiş portakal
- 3½ bardak Şeker
- 7 yemek kaşığı Altın şurubu
- 2 yemek kaşığı Kaba tuz
- ¼ çay kaşığı Kurutulmuş biber;ezilmiş
- 6¾ bardak Malt sirkesi
- 1 pound Soğan; doğranmış
- 1 pound Hurma; çekirdekleri çıkarılmış ve doğranmış
- 1 kilo Kuru Üzüm

TALİMATLAR:
Portakal kabuğunu rendeleyin ve bir kenara koyun. Portakalların özünü çıkarın ve çekirdeklerini atın. Portakalın kabuğunu ince ince doğrayın. Büyük, paslanmaz çelik bir tencerede şekeri, şurubu, tuzu, biberleri ve sirkeyi karıştırın.

Şekeri eritmek için karıştırarak yüksek ateşte kaynatın. Portakalı, soğanı, hurmayı, kuru üzümü ekleyin ve rendelenmiş kabuğunu parça parça ekleyin. Isıyı azaltın ve yaklaşık 1 saat koyulaşana kadar pişirin. Kalan portakal kabuğu rendesini ekleyin. .

21.Taze Ananas Chutney

İÇİNDEKİLER:
- 1 Lg.(6-7 lb)taze ananas
- 1 yemek kaşığı Tuz
- ½Lg.diş sarımsak,püre
- 1¾ su bardağı çekirdeksiz kuru üzüm
- 1¼ bardak Açık kahverengi şeker
- 1 su bardağı elma sirkesi
- 2 2 inç tarçın çubuğu
- ¼çay kaşığı Karanfil

TALİMATLAR:
Ananası soyun, parçalara ayırın ve ince ince doğrayın. tuz serpin ve 1½ saat dinlendirin. Boşaltın .

Sarımsağı ve kuru üzümü orta dereceli bıçağı kullanarak bir yiyecek kıyıcının içinden geçirin. Ananasa ekleyin.

Şekeri, sirkeyi ve baharatları bir tencerede karıştırıp kaynama noktasına getirin. Meyve karışımını ekleyin ve orta ateşte koyulaşana kadar yaklaşık 45 dakika pişirin. Sıcak, sterilize edilmiş fraksiyonel kavanozlara koyun ve hemen kapatın.

22.Misket Limonu Turşusu

İÇİNDEKİLER:
- 12 limon
- 2 bakla sarımsak
- 4 inç parça zencefil
- 8 Yeşil biber
- 1 yemek kaşığı toz biber
- 12 yemek kaşığı Şeker
- 1 bardak Sirke

TALİMATLAR:

a) Limonları temizleyin ve çekirdeklerini çıkararak küçük parçalar halinde doğrayın. Doğrayırken biriken limon suyunu saklayın. Sarımsak, zencefil ve biberleri ince ince doğrayın.

b) Sirke dışındaki tüm malzemeleri karıştırın. Karışım koyulaşana kadar kısık ateşte pişirin.

c) Sirkeyi ekleyin ve 5 dakika pişirin.

ç) Soğutun ve şişeleyin. 3-4 hafta sonra yiyin.

23.Limon-Elma Chutney

İÇİNDEKİLER:
- ¼ bardak Taze limon suyu
- 1 yemek kaşığı Tuz
- 1 küçük Soğan;çok ince
- 1½ pound Tart yeşil elma
- ¼ çay kaşığı kırmızı şili biber gevreği
- 1½ çay kaşığı Bal
- ¼ bardak rendelenmiş şekersiz hindistan cevizi

TALİMATLAR:
Reaktif olmayan bir kapta limon suyunu ve tuzu karıştırın ve tuz eriyene kadar karıştırın.

Soğan, elma, pul biber, bal ve hindistan cevizini ekleyin. Karıştırın, ardından kapağını kapatın ve porsiyondan önce en az 10 dakika dinlenmeye bırakın .

24.Füme Elma Turşusu

İÇİNDEKİLER:
- 4 pound Granny Smith elması, soyulmuş ve parçalara ayrılmış
- 1 büyük Kırmızı veya Yeşil Biber, çekirdekleri çıkarılmış ve doğranmış
- 2 büyük sarı soğan, doğranmış
- 1 büyük karanfil sarımsak, kıyılmış
- 1 2" adet Taze Zencefil, ince Parçalanmış
- 2 yemek kaşığı Sarı hardal tohumu
- ½ bardak elma sirkesi
- ¼ bardak Su
- 1 su bardağı esmer şeker, paketlenmiş
- ¾ bardak Kuru Üzüm veya Akıntı

TALİMATLAR:
Tüm malzemeleri tencerede karıştırın.
Karıştırmak için karıştırın. Sigara içicinin üst rafına yerleştirin. Sigara içicinin kapağını kapatın ve Hint turşusunu ara sıra karıştırarak 4 ila 5 saat pişirin. Gerekirse daha fazla su ekleyin. Artıklar kapaklı kavanozlarda buzdolabında birkaç hafta saklanabilir.

25. Nektarin Chutney

İÇİNDEKİLER:
- 1 su bardağı esmer şeker (paketlenmiş)
- ½ bardak elma sirkesi
- 4 Nektarin, soyulmuş ve doğranmış (5'e kadar)
- 1 su bardağı kuru üzüm
- 1 Bütün limon, Kabuğu
- 1 Bütün limon, soyulmuş, çekirdekleri çıkarılmış ve doğranmış
- 2 yemek kaşığı Taze zencefil, kıyılmış
- 1 büyük karanfil sarımsak, kıyılmış
- ½ çay kaşığı köri tozu
- ¼ çay kaşığı Cayenne

TALİMATLAR:
Orta dereceli, reaksiyona girmeyen bir tencerede, sirke ve esmer şekeri orta ateşte karıştırarak şekeri eritene kadar pişirin. Kaynamaya bırakın. Kalan malzemeleri ekleyin.
3 ila 5 dakika kaynatın. Sıcaktan çıkarın ve soğutun. 2 hafta buzdolabında saklayın veya konserve yapın. Kümes hayvanları, domuz eti veya jambonla servis yapın.

26. Hızlı Şeftali Chutney

İÇİNDEKİLER:

- 2 kutu meyve suyunda parçalanmış şeftali;(16 oz)rezerv Meyve Suyu
- ¼ bardak Artı 1 yemek kaşığı beyaz şarap sirkesi
- ¼ bardak Şeker
- ½ bardak Soğan;ince doğranmış
- 1 küçük Jalapeno,sapı çıkarılmış,çekirdeği çıkarılmış;ince doğranmış
- ½ çay kaşığı öğütülmüş kimyon
- ¼ çay kaşığı Zerdeçal
- ¼ çay kaşığı Öğütülmüş tarçın
- ⅓ bardak altın kuru üzüm

TALİMATLAR:

a) Orta boy, alüminyum olmayan bir tencerede sirke, şeker, soğan ve jalapeno'yu karıştırın. Orta -düşük ateşte 3 dakika karıştırın.
b) Süzülmüş şeftaliyi mutfak robotunda kaba püre haline getirin. ¼ bardak ayrılmış şeftali suyu, kimyon, zerdeçal, tarçın ve kuru üzümle birlikte tencereye ekleyin.
c) Kaynatın, ısıyı azaltın ve sık sık karıştırarak 20 dakika pişirin.
ç) alın . Sıcak veya oda sıcaklığında servis yapın.

27. Kakule Baharatlı Mango Chutney

İÇİNDEKİLER:

- 2 su bardağı doğranmış olgun mango
- 1/2 su bardağı doğranmış kırmızı soğan
- 1/4 su bardağı kuru üzüm
- 1/2 su bardağı esmer şeker
- 1/2 su bardağı elma sirkesi
- 1 çay kaşığı öğütülmüş kakule
- 1/2 çay kaşığı öğütülmüş zencefil
- 1/4 çay kaşığı kırmızı biber gevreği (isteğe bağlı)
- Tatmak için tuz

TALİMATLAR:

a) Bir tencerede doğranmış mango, kırmızı soğan, kuru üzüm, esmer şeker, elma sirkesi, öğütülmüş kakule, öğütülmüş zencefil ve kırmızı biber gevreğini birleştirin.

b) Karışımı kaynatın, ardından ısıyı azaltın ve yaklaşık 30-40 dakika veya Hint turşusu kalınlaşana kadar pişirin.

c) Tatmak için tuzla tatlandırın.

ç) Servis yapmadan önce Hint turşusunun soğumasını bekleyin. Izgara etlerle, körilerle veya sandviçlere çeşni olarak iyi uyum sağlar.

28.Biberli Karpuz Chutney

İÇİNDEKİLER:

- 1 orta boy (6 ila 8 pound / 2,7 ila 3,6 kg) karpuzun kabuğu, ½ inçlik parçalar (4 bardak) halinde doğranmış
- 1 büyük tatlı soğan, ince doğranmış (1½ bardak)
- 1 büyük sarı dolmalık biber, ince doğranmış (1 bardak)
- 3 serrano biberi, çekirdekleri çıkarılmış ve ince doğranmış (½ bardak)
- ¼ fincan rendelenmiş soyulmuş taze zencefil (yaklaşık 6 inç)
- 1½ su bardağı beyaz şarap sirkesi
- 1½ su bardağı şeker
- 1 yemek kaşığı hardal tohumu
- 2 çay kaşığı öğütülmüş zerdeçal
- 1 çay kaşığı tuz

TALİMATLAR:

a) Bu tarif sıcak paketlenmiştir, bu nedenle temiz kavanozları sıcak suda bekletin. Daha küçük bir tencereye kapakları ve halkaları, 1 yemek kaşığı damıtılmış beyaz sirkeyi ve üzerini kapatacak kadar su ekleyin. 5 dakika kaynattıktan sonra ocaktan alın ve bir kenara koyun.

b) Büyük bir tencerede karpuz kabuğunu, soğanı, dolmalık biberi, serranoyu, zencefili, sirkeyi, şekeri, hardal tohumlarını, zerdeçalı ve tuzu birleştirin. İyice karıştırın. Orta-yüksek ateşte, sık sık karıştırarak kaynatın. Isıyı en aza indirin; sık sık karıştırarak 1 saat pişirin.

c) Sıcak kavanozları kesme tahtası üzerine yerleştirin. Bir huni kullanarak, sıcak turşuyu kavanozlara ½ inçlik bir boşluk bırakarak dökün. ½ inçlik üst boşluğu korumak için gerekirse hava kabarcıklarını giderin ve ilave Hint turşusu ekleyin.

ç) Her kavanozun kenarını damıtılmış beyaz sirkeye batırılmış sıcak bir bezle silin. Her kavanozun üzerine bir kapak ve halka yerleştirin ve elle sıkın.

d) Kavanozları su banyosuna yerleştirin ve her bir kavanozun en az 1 inç su ile kaplandığından emin olun. Suya 2 yemek kaşığı damıtılmış beyaz sirke ekleyin ve ısıyı yüksek seviyeye getirin.

e) Kaynatın ve hem yarım litreyi hem de yarım litreyi 10 dakika boyunca işleyin.
f) Su tamamen kaynayana kadar zamanlayıcınızı başlatmadığınızdan emin olun. İşlemden sonra kavanozları konserve kutusundan çıkarmadan önce 5 dakika bekleyin.

29.Üzümlü Erik Chutney

İÇİNDEKİLER:
- 3 pound (1,4 kg) erik (20 orta boy), çekirdekleri çıkarılmış ve doğranmış (10 su bardağı)
- 2 su bardağı paketlenmiş açık veya koyu kahverengi şeker
- 2 su bardağı elma sirkesi
- 2 su bardağı kuru üzüm
- 1 büyük soğan, ince doğranmış (1 su bardağı)
- 2 çay kaşığı kıyılmış taze zencefil
- 2 yemek kaşığı hardal tohumu
- ½ çay kaşığı tuz
- 1 diş sarımsak, kıyılmış

TALİMATLAR:
a) Bu tarif sıcak paketlenmiştir, bu nedenle temiz kavanozları sıcak suda bekletin. Daha küçük bir tencereye kapakları ve halkaları, 1 yemek kaşığı damıtılmış beyaz sirkeyi ve üzerini kapatacak kadar su ekleyin. 5 dakika kaynattıktan sonra ocaktan alın ve bir kenara koyun.

b) Büyük bir tencerede erik, esmer şeker, sirke, kuru üzüm, soğan, zencefil, hardal tohumu, tuz ve sarımsağı birleştirin. İyice karıştırın. Orta-yüksek ateşte, sık sık karıştırarak kaynatın. Isıyı en aza indirin ve kavurmayı önlemek için sık sık karıştırarak 30 dakika pişirin.

c) Sıcak kavanozları kesme tahtası üzerine yerleştirin. Bir huni kullanarak, sıcak turşuyu kavanozlara ½ inçlik bir boşluk bırakarak dökün. ½ inçlik üst boşluğu korumak için gerekirse hava kabarcıklarını giderin ve ilave Hint turşusu ekleyin.

ç) Her kavanozun kenarını damıtılmış beyaz sirkeye batırılmış sıcak bir bezle silin. Her kavanozun üzerine bir kapak ve halka yerleştirin ve elle sıkın.

d) Kavanozları su banyosuna yerleştirin ve her bir kavanozun en az 1 inç su ile kaplandığından emin olun. Suya 2 yemek kaşığı damıtılmış beyaz sirke ekleyin ve ısıyı yüksek seviyeye getirin. Kaynatın ve hem yarım litreyi hem de yarım litreyi 10 dakika boyunca işleyin. Su tamamen kaynayana kadar zamanlayıcınızı başlatmadığınızdan emin olun.

e) İşlemden sonra kavanozları konserve kutusundan çıkarmadan önce 5 dakika bekleyin.

30.Sirkeli Şeftali Chutney

İÇİNDEKİLER:
- 5 pound (2,3 kg) sarı şeftali veya nektarin, soyulmuş, çekirdekleri çıkarılmış ve ½ inçlik zarlar halinde kesilmiş
- 2 su bardağı şeker
- 1½ su bardağı elma sirkesi
- 1 su bardağı doğranmış tatlı soğan
- ¾ bardak kuru üzüm
- 2 veya 3 jalapeño biber, doğranmış
- 1 tatlı muz biberi veya ½ sarı dolmalık biber, doğranmış
- 3 yemek kaşığı hardal tohumu
- 2 yemek kaşığı rendelenmiş taze zencefil
- 2 diş sarımsak, kıyılmış
- 1 çay kaşığı garam masala
- ½ çay kaşığı öğütülmüş zerdeçal

TALİMATLAR:

a) Sıcak su banyosu hazırlayın. Sıcak tutmak için kavanozları içine yerleştirin. Kapakları ve halkaları sıcak sabunlu suyla yıkayın ve bir kenara koyun.

b) Derin bir tencerede veya orta ateşte ayarlanmış bir konserve tenceresinde şeftalileri, şekeri, elma sirkesini, soğanı, kuru üzümleri, jalapeno biberini, muz biberini, hardal tohumunu, zencefili, sarımsağı, garam masalayı ve zerdeçalı birleştirin. Sık sık karıştırarak yavaş yavaş kaynatın. Isıyı en aza indirin. 1 saat veya çok koyulaşana kadar pişirin.

c) Hint turşusunu hazırlanan kavanozlara ¼ inç boşluk bırakarak koyun. Hava kabarcıklarını gidermek için metal olmayan bir alet kullanın. Jantları silerek temizleyin ve kapaklar ve halkalarla kapatın.

ç) Kavanozları sıcak su banyosunda 10 dakika işleyin. Isıyı kapatın ve kavanozları 10 dakika su banyosunda dinlendirin.

d) Kavanozları sıcak su kabından dikkatlice çıkarın. 12 saat soğumaya bırakın.

e) Uygun contalar için kapakları kontrol edin. Halkaları çıkarın, kavanozları silin, etiketleyin ve tarih atın ve bir dolaba veya kilere aktarın.

f) En iyi lezzeti elde etmek için Hint turşusunun servis yapmadan önce 3 ila 4 hafta kurumasını bekleyin. İyice kapatılmayan kavanozları buzdolabında saklayın ve 6 hafta içinde kullanın. Düzgün kapatılmış kavanozlar dolapta 12 ay dayanır. Açıldıktan sonra buzdolabında saklayın ve 6 hafta içinde tüketin.

31. Garlicky Limon Chutney

İÇİNDEKİLER:
- 12 limon, temizlenmiş ve ½ inçlik zarlar halinde kesilmiş
- 12 diş sarımsak, uzunlamasına ince dilimlenmiş
- 1 (4 inç) parça taze zencefil, soyulmuş ve ince dilimlenmiş
- 8 yeşil şili biber (jalapeños veya serranos), sapları çıkarılmış, çekirdekleri çıkarılmış ve ince dilimlenmiş
- 1 yemek kaşığı biber tozu
- 1 su bardağı damıtılmış beyaz sirke
- ¾ bardak şeker

TALİMATLAR:
a) Sıcak su banyosu hazırlayın. Sıcak tutmak için kavanozları içine yerleştirin. Kapakları ve halkaları sıcak sabunlu suyla yıkayın ve bir kenara koyun.
b) Orta boy bir tencerede limonu, sarımsağı, zencefili, kırmızı biberi ve toz biberi birleştirin, iyice karıştırın ve kaynamaya bırakın.
c) Sirke ve şekeri ekleyin, tekrar kaynamaya getirin ve ara sıra karıştırarak, limonlar yumuşayana ve karışım bir kaşıktan düştüğünde topaklanacak kadar kalın hale gelinceye kadar yaklaşık 70 dakika pişirin. Isıdan çıkarın.
ç) Hint turşusunu hazırlanan kavanozlara ¼ inç boşluk bırakarak koyun. Hava kabarcıklarını gidermek için metal olmayan bir alet kullanın. Jantları silerek temizleyin ve kapaklar ve halkalarla kapatın.
d) Kavanozları sıcak su banyosunda 20 dakika işleyin. Isıyı kapatın ve kavanozları 10 dakika su banyosunda dinlendirin.
e) Kavanozları sıcak su kabından dikkatlice çıkarın. 12 saat soğumaya bırakın.
f) Uygun contalar için kapakları kontrol edin. Halkaları çıkarın, kavanozları silin, etiketleyin ve tarih atın ve bir dolaba veya kilere aktarın.
g) En iyi lezzeti elde etmek için Hint turşusunu servis etmeden önce 3 gün dinlenmeye bırakın. İyice kapatılmayan kavanozları buzdolabında saklayın ve 6 hafta içinde kullanın. Düzgün kapatılmış kavanozlar dolapta 12 ay dayanır.
ğ) Açıldıktan sonra buzdolabında saklayın ve 6 hafta içinde tüketin.

32. Ananas ve Jalapeno Chutney

İÇİNDEKİLER:
- 2 su bardağı doğranmış ananas
- 1 jalapeno biber, çekirdeği çıkarılmış ve ince doğranmış
- 1/2 su bardağı elma sirkesi
- 1/4 su bardağı esmer şeker
- 1 çay kaşığı rendelenmiş zencefil
- 1/2 çay kaşığı hardal tohumu
- Bir tutam tuz

TALİMATLAR:
a) Bir tencerede doğranmış ananas, doğranmış jalapeno, elma sirkesi, esmer şeker, rendelenmiş zencefil, hardal tohumu ve bir tutam tuzu birleştirin.
b) Karışımı orta ateşte kaynatın, ardından ısıyı en aza indirin ve ara sıra karıştırarak Hint turşusu kalınlaşana kadar yaklaşık 20-25 dakika pişirin.
c) Ateşten alın ve sterilize edilmiş kavanozlara aktarmadan önce soğumaya bırakın. Buzdolabında saklayın.

33. Baharatlı Elma ve Kızılcık Chutney

İÇİNDEKİLER:
- 2 su bardağı doğranmış elma (Granny Smith gibi)
- 1 su bardağı taze veya dondurulmuş kızılcık
- 1/2 su bardağı elma sirkesi
- 1/2 su bardağı toz şeker
- 1/4 su bardağı su
- 1 çay kaşığı öğütülmüş tarçın
- 1/4 çay kaşığı öğütülmüş karanfil
- Bir tutam tuz

TALİMATLAR:
a) Bir tencerede doğranmış elmaları, kızılcıkları, elma sirkesini, şekeri, suyu, tarçını, öğütülmüş karanfilleri ve bir tutam tuzu birleştirin.
b) Karışımı orta ateşte kaynatın, ardından ısıyı en aza indirin ve ara sıra karıştırarak, elmalar ve kızılcıklar yumuşayana ve Hint turşusu koyulaşana kadar yaklaşık 15-20 dakika pişirin.
c) Ateşten alın ve sterilize edilmiş kavanozlara aktarmadan önce soğumaya bırakın. Buzdolabında saklayın.

34.Tatlı ve Baharatlı Mango Chutney

İÇİNDEKİLER:
- 2 olgun mango, soyulmuş, çekirdeği çıkarılmış ve doğranmış
- 1/2 su bardağı beyaz sirke
- 1/2 su bardağı esmer şeker
- 1 küçük soğan, ince doğranmış
- 2 diş sarımsak, kıyılmış
- 1 yemek kaşığı rendelenmiş zencefil
- 1 çay kaşığı hardal tohumu
- 1/2 çay kaşığı öğütülmüş zerdeçal
- 1/4 çay kaşığı acı biber (tadına göre ayarlayın)
- Bir tutam tuz

TALİMATLAR:
a) Bir tencerede doğranmış mango, beyaz sirke, esmer şeker, doğranmış soğan, kıyılmış sarımsak, rendelenmiş zencefil, hardal tohumu, öğütülmüş zerdeçal, kırmızı biber ve bir tutam tuzu birleştirin.

b) Karışımı orta ateşte kaynatın, ardından ısıyı en aza indirin ve ara sıra karıştırarak Hint turşusu koyulaşana kadar yaklaşık 25-30 dakika pişirin.

c) Ateşten alın ve sterilize edilmiş kavanozlara aktarmadan önce soğumaya bırakın. Buzdolabında saklayın.

35.Vişne ve Balsamik Hint Turşusu

İÇİNDEKİLER:
- 2 su bardağı taze veya dondurulmuş kiraz, çekirdekleri çıkarılmış
- 1/2 bardak balzamik sirke
- 1/4 bardak bal
- 1/4 su bardağı su
- 1 çay kaşığı rendelenmiş portakal kabuğu rendesi
- 1/4 çay kaşığı öğütülmüş tarçın
- Bir tutam tuz

TALİMATLAR:
a) Bir tencerede çekirdeği çıkarılmış kirazları, balzamik sirkeyi, balı, suyu, rendelenmiş portakal kabuğu rendesini, öğütülmüş tarçını ve bir tutam tuzu birleştirin.
b) Karışımı orta ateşte kaynatın, ardından ısıyı en aza indirin ve ara sıra karıştırarak kirazlar yumuşayana ve Hint turşusu koyulaşana kadar yaklaşık 20-25 dakika pişirin.
c) Ateşten alın ve sterilize edilmiş kavanozlara aktarmadan önce soğumaya bırakın. Buzdolabında saklayın.

36.Armut ve Zencefil Chutney

İÇİNDEKİLER:
- 2 adet olgun armut, soyulmuş, çekirdeği çıkarılmış ve doğranmış
- 1/2 su bardağı elma sirkesi
- 1/4 su bardağı toz şeker
- 1/4 su bardağı esmer şeker
- 1 küçük soğan, ince doğranmış
- 2 yemek kaşığı taze zencefil, kıyılmış
- 1/2 çay kaşığı hardal tohumu
- 1/4 çay kaşığı öğütülmüş tarçın
- Bir tutam tuz

TALİMATLAR:
a) Bir tencerede doğranmış armutları, elma sirkesini, toz şekeri, esmer şekeri, doğranmış soğanı, kıyılmış zencefili, hardal tohumlarını, tarçını ve bir tutam tuzu birleştirin.

b) Karışımı orta ateşte kaynatın, ardından ısıyı en aza indirin ve ara sıra karıştırarak Hint turşusu kalınlaşana kadar yaklaşık 20-25 dakika pişirin.

c) Ateşten alın ve sterilize edilmiş kavanozlara aktarmadan önce soğumaya bırakın. Buzdolabında saklayın.

37.Baharatlı Erik Turşusu

İÇİNDEKİLER:
- 2 su bardağı doğranmış erik
- 1/2 su bardağı elma sirkesi
- 1/4 su bardağı toz şeker
- 1/4 su bardağı kurutulmuş kızılcık
- 1 küçük soğan, ince doğranmış
- 2 diş sarımsak, kıyılmış
- 1 çay kaşığı hardal tohumu
- 1/2 çay kaşığı öğütülmüş zencefil
- 1/4 çay kaşığı öğütülmüş karanfil
- Bir tutam tuz

TALİMATLAR:
a) Bir tencerede doğranmış erik, elma sirkesi, toz şeker, kurutulmuş kızılcık, doğranmış soğan, kıyılmış sarımsak, hardal tohumu, öğütülmüş zencefil, öğütülmüş karanfil ve bir tutam tuzu birleştirin.

b) Karışımı orta ateşte kaynatın, ardından ısıyı en aza indirin ve ara sıra karıştırarak Hint turşusu koyulaşana kadar yaklaşık 25-30 dakika pişirin.

c) Ateşten alın ve sterilize edilmiş kavanozlara aktarmadan önce soğumaya bırakın. Buzdolabında saklayın.

38.Kivi ve Ananas Chutney

İÇİNDEKİLER:
- 2 olgun kivi, soyulmuş ve doğranmış
- 1 su bardağı doğranmış ananas
- 1/2 su bardağı elma sirkesi
- 1/4 su bardağı esmer şeker
- 1 küçük kırmızı dolmalık biber, doğranmış
- 1 küçük soğan, ince doğranmış
- 1 çay kaşığı rendelenmiş zencefil
- 1/4 çay kaşığı kırmızı biber gevreği
- Bir tutam tuz

TALİMATLAR:
a) Bir tencerede doğranmış kivi, doğranmış ananas, elma sirkesi, esmer şeker, doğranmış kırmızı dolmalık biber, doğranmış soğan, rendelenmiş zencefil, kırmızı pul biber ve bir tutam tuzu birleştirin.

b) Karışımı orta ateşte kaynatın, ardından ısıyı en aza indirin ve ara sıra karıştırarak Hint turşusu kalınlaşana kadar yaklaşık 20-25 dakika pişirin.

c) Ateşten alın ve sterilize edilmiş kavanozlara aktarmadan önce soğumaya bırakın. Buzdolabında saklayın.

SEBZE HATASI

39. Patlıcan ve Domates Turşusu

İÇİNDEKİLER:
- 1,5 kg olgun yumurta veya asmada olgunlaşmış domates
- 1 ½ çay kaşığı rezene tohumu
- 1 ½ çay kaşığı kimyon tohumu
- 1 ½ çay kaşığı kahverengi hardal tohumu
- ¼ fincan sızma zeytinyağı
- 2 kırmızı soğan, ince doğranmış
- 2 diş sarımsak, ince doğranmış
- 2 kırmızı kuşgözü biber, çekirdekleri çıkarılmış ve ince doğranmış
- 2 çay kaşığı kekik yaprağı
- 450 gr patlıcan, 1 cm'lik parçalar halinde kesilmiş
- 3 Granny Smith elması, soyulmuş, çekirdekleri çıkarılmış ve 1 cm'lik parçalar halinde kesilmiş
- 1 bardak kırmızı şarap sirkesi
- 1 su bardağı sıkıca paketlenmiş kahverengi şeker

TALİMATLAR:

a) Her domatesin tabanına çapraz şekilli küçük bir kesi yapın, ardından bunları üç ayrı parti halinde kaynar su dolu bir tencerede yaklaşık 30 saniye veya kabukları gevşemeye başlayana kadar haşlayın. Daha sonra soğuk su dolu bir lavaboda hızlıca soğutun ve ardından domatesleri soyun.

b) Soyulmuş domatesleri yatay olarak ikiye bölün ve çekirdeklerini ve suyunu bir kaseye çıkarın; bunları bir kenara bırakın. Domateslerin etini de kabaca doğrayıp bir kenara koyun.

c) Büyük, ağır tabanlı bir tencerede rezene tohumlarını, kimyon tohumlarını ve kahverengi hardal tohumlarını orta ateşte yaklaşık 1 dakika veya kokulu hale gelinceye kadar karıştırın. Daha sonra bu baharatları bir kaseye aktarın.

ç) Tencereyi orta ateşe alıp zeytinyağını ekleyin. Şimdi ince doğranmış soğanı, sarımsağı, kırmızı biberi, kekiği ve 3 çay kaşığı tuzu ekleyin. Ara sıra karıştırarak yaklaşık 5 dakika pişirin.

d) Patlıcanı karışıma ekleyin ve ara sıra karıştırarak yaklaşık 8 dakika veya sebzeler yumuşayana kadar pişirmeye devam edin. Doğranmış domates etini, önceden kızartılmış baharatları, elmaları, kırmızı şarap sirkesini ve esmer şekeri ekleyin.

e) Ayırdığınız domates suyunu, çekirdeklerini atarak tencereye süzün. Karışımı kaynama noktasına getirin, ardından yaklaşık 45 dakika veya sıvının çoğu buharlaşana kadar pişmesine izin verin.

f) Sıcak Hint turşusunu hala sıcakken sterilize edilmiş kavanozlara dökün ve kavanozları hemen kapatın.

40.Ravent Hint Turşusu

İÇİNDEKİLER:

- 1 kiloluk ravent
- 2 çay kaşığı İri rendelenmiş taze zencefil
- 2 diş sarımsak
- 1 Jalapeno şili (veya daha fazla) tohum ve damarlar
- 1 çay kaşığı pul biber
- 1 yemek kaşığı Siyah hardal tohumu
- ¼ bardak kuş üzümü
- 1 su bardağı Açık kahverengi şeker
- 1½ bardak Hafif sirke

TALİMATLAR:

a) Raventi yıkayın ve ¼ inç kalınlığında parçalara bölün. Saplar genişse, önce uzunlamasına ikiye veya üçe bölün.
b) Rendelenmiş zencefili sarımsak ve kırmızı biberle birlikte ince ince doğrayın.
c) Tüm malzemeleri aşındırıcı olmayan bir tavaya koyun, kaynatın, ardından ısıyı düşürün ve ravent parçalanıp reçel dokusuna sahip olana kadar yaklaşık 30 dakika pişirin.
ç) Buzdolabında bir cam kavanozda saklayın.

41.Soğan Turşusu

İÇİNDEKİLER:
- 6 su bardağı doğranmış tatlı soğan
- ½ bardak Taze limon suyu
- 2 çay kaşığı Bütün kimyon tohumu
- 1 çay kaşığı Tam hardal tohumu
- ½ çay kaşığı Tabasco sosu
- ¼ çay kaşığı kırmızı biber gevreği
- 2 çay kaşığı toz biber
- ¼ bardak Açık kahverengi şeker
- Her biri 1 Damak tadınıza göre tuz

TALİMATLAR:
Tüm malzemeleri ağır bir tencerede orta ateşte karıştırın. Sık sık karıştırarak kaynatın. Karışım kaynayınca hemen ocaktan alın ve sıcak, sterilize edilmiş kavanozlara koyun. Vakumlayın.

42.Kabak Turşusu

İÇİNDEKİLER:
- 3 orta boy kabak
- 1 Soğan
- ½ çay kaşığı Hing
- ½ çay kaşığı Tamcon
- 2 Yeşil biber

TALİMATLAR:
a) Kesilmiş kabak, soğan ve yeşil biberleri kızartın. Zerdeçalı, tuzu ekleyin, 5 ila 10 dakika kısık ateşte pişirin. Tamcon'u kaynatın, yukarıdaki karışıma ekleyin.
b) Tamamını mikserde toz haline getirin.

43.Şilili Domates Turşusu

İÇİNDEKİLER:
- 1 çay kaşığı kimyon tohumu
- 1 çay kaşığı siyah hardal tohumu
- 1 çay kaşığı kişniş tohumu
- 1 çay kaşığı rezene tohumu
- 4 adet kurutulmuş biber
- ½ çay kaşığı kırmızı biber gevreği
- 2 su bardağı beyaz sirke
- ½ bardak) şeker
- 8 su bardağı soyulmuş, doğranmış ve süzülmüş Roma veya diğer salça domatesleri
- 12 diş sarımsak, doğranmış
- 1 çay kaşığı salamura tuzu

TALİMATLAR:
a) Sıcak, kuru bir tavada kimyon tohumlarını, hardal tohumlarını, kişniş tohumlarını, rezene tohumlarını ve kırmızı biberleri birleştirin. Baharatları sürekli karıştırarak kokusu çıkana kadar kavurun. Baharatları küçük bir kaseye aktarın. Kırmızı pul biberi ekleyin. Bir kenara koyun.
b) Orta ateşte ayarlanmış büyük bir tencerede beyaz sirkeyi ve şekeri birleştirin. Şekeri eritmek için karıştırarak kaynamaya getirin.
c) Domatesleri, ayrılmış baharatları ve sarımsakları ekleyin. Kaynatın. Sıcaklığı orta dereceye düşürün. Yaklaşık 1½ saat veya koyulaşana kadar pişirin. İlk başta ara sıra, koyulaştıkça daha sık karıştırın. Kıvam aldıktan sonra tuzunu ekleyip karıştırıp ocaktan alın.
d) Sıcak su banyosu hazırlayın. Sıcak tutmak için kavanozları içine yerleştirin. Kapakları ve halkaları sıcak sabunlu suyla yıkayın ve bir kenara koyun.
e) Hint turşusunu hazırlanan kavanozlara ½ inç boşluk bırakarak koyun. Hava kabarcıklarını gidermek için metal olmayan bir alet kullanın. Jantları silerek temizleyin ve kapaklar ve halkalarla kapatın.
f) Kavanozları sıcak su banyosunda 15 dakika işleyin. Isıyı kapatın ve kavanozları 10 dakika su banyosunda dinlendirin.

g) Kavanozları sıcak su kabından dikkatlice çıkarın. 12 saat soğumaya bırakın.
h) Uygun contalar için kapakları kontrol edin. Halkaları çıkarın, kavanozları silin, etiketleyin ve tarih atın ve bir dolaba veya kilere aktarın.
i) En iyi lezzeti elde etmek için Hint turşusunun servis yapmadan önce 3 ila 4 hafta kurumasını bekleyin. İyice kapatılmayan kavanozları buzdolabında saklayın ve 6 hafta içinde kullanın. Düzgün kapatılmış kavanozlar dolapta 12 gün dayanır.

44. Havuç ve Zencefil Chutney

İÇİNDEKİLER:
- 2 su bardağı rendelenmiş havuç
- 1 yemek kaşığı rendelenmiş zencefil
- 1/2 su bardağı elma sirkesi
- 1/4 bardak bal veya esmer şeker
- 1 çay kaşığı hardal tohumu
- 1/2 çay kaşığı kimyon tohumu
- 1/4 çay kaşığı zerdeçal tozu
- Tatmak için tuz

TALİMATLAR:

a) Bir yemek kaşığı yağı bir tavada ısıtın. Hardal tohumu ve kimyon tohumu ekleyin. Piştikten sonra rendelenmiş havuç ve rendelenmiş zencefili ekleyin. Havuçlar yumuşayana kadar pişirin.

b) Elma sirkesi, bal (veya esmer şeker), zerdeçal tozu ve tuz ekleyin. İyice karıştırın.

c) Karışım koyulaşana kadar, ara sıra karıştırarak, kısık ateşte pişirin. Tatlılığı ve baharatı damak tadınıza göre ayarlayın.

d) Sterilize edilmiş kavanozlarda saklamadan önce tamamen soğumasını bekleyin. Buzdolabına koyun ve birkaç hafta içinde kullanın.

45.Dolmalık Biber Turşusu

İÇİNDEKİLER:

- 2 adet kırmızı biber, doğranmış
- 1 yeşil dolmalık biber, doğranmış
- 1 soğan, doğranmış
- 2 diş sarımsak, kıyılmış
- 1 inç parça zencefil, rendelenmiş
- 1 yemek kaşığı bitkisel yağ
- 2 yemek kaşığı elma sirkesi
- 2 yemek kaşığı esmer şeker
- 1/2 çay kaşığı kimyon tohumu
- Tatmak için tuz

TALİMATLAR:

a) Yağı bir tavada orta ateşte ısıtın. Kimyon tohumlarını ekleyin ve dağılmalarını sağlayın.
b) Doğranmış soğanı, kıyılmış sarımsağı ve rendelenmiş zencefili ekleyin. Soğanlar yarı saydam hale gelinceye kadar soteleyin.
c) Küp küp doğradığınız biberleri ekleyip yumuşayıncaya kadar pişirin.
d) Elma sirkesini, esmer şekeri ve tuzu karıştırın. Hint turşusu hafifçe kalınlaşana kadar pişirin.
e) Hint turşusunu sterilize edilmiş kavanozlara aktarmadan önce soğumasını bekleyin. Buzdolabında saklayın.

46.Baharatlı Karnabahar Chutney

İÇİNDEKİLER:
- 2 su bardağı karnabahar çiçeği
- 1 soğan, doğranmış
- 2 yeşil biber, doğranmış
- 2 diş sarımsak, kıyılmış
- 1 çay kaşığı hardal tohumu
- 1 çay kaşığı kimyon tohumu
- 1/4 çay kaşığı zerdeçal tozu
- 1/4 bardak beyaz sirke
- 2 yemek kaşığı esmer şeker
- Tatmak için tuz

TALİMATLAR:
a) Karnabahar çiçeklerini yumuşayana kadar buharda pişirin, ardından kabaca doğrayın.
b) Yağı bir tavada orta ateşte ısıtın. Hardal tohumu ve kimyon tohumu ekleyin. Bırakın dağılsınlar.
c) Doğranmış soğanı, yeşil biberi ve kıyılmış sarımsağı ekleyin. Soğanlar altın rengine dönene kadar soteleyin.
d) Kıyılmış karnabaharı, zerdeçal tozunu, beyaz sirkeyi, esmer şekeri ve tuzu karıştırın. Karışım kalınlaşana kadar pişirin.
e) Hint turşusunu sterilize edilmiş kavanozlara saklamadan önce tamamen soğumasını bekleyin. Buzdolabına koyun ve birkaç hafta içinde kullanın.

47.Pancar turşusu

İÇİNDEKİLER:
- 2 su bardağı rendelenmiş pancar
- 1 soğan, doğranmış
- 2 diş sarımsak, kıyılmış
- 1 inç parça zencefil, rendelenmiş
- 1/4 su bardağı elma sirkesi
- 2 yemek kaşığı bal veya esmer şeker
- 1/2 çay kaşığı kimyon tohumu
- 1/4 çay kaşığı tarçın tozu
- Tatmak için tuz

TALİMATLAR:
a) Yağı bir tavada orta ateşte ısıtın. Kimyon tohumlarını ekleyin ve dağılmalarını sağlayın.
b) Doğranmış soğanı, kıyılmış sarımsağı ve rendelenmiş zencefili ekleyin. Soğanlar yarı saydam hale gelinceye kadar soteleyin.
c) Rendelenmiş pancarı ekleyip yumuşayana kadar pişirin.
d) Elma sirkesini, balı (veya esmer şekeri), tarçın tozunu ve tuzu karıştırın. Hint turşusu hafifçe kalınlaşana kadar pişirin.
e) Hint turşusunu sterilize edilmiş kavanozlara aktarmadan önce tamamen soğumasını bekleyin. Buzdolabında saklayın.

48.Ispanak ve Fıstık Chutney

İÇİNDEKİLER:
- 2 su bardağı taze ıspanak yaprağı
- 1/2 su bardağı kavrulmuş fıstık
- 2 yeşil biber
- 2 diş sarımsak
- 1 inç parça zencefil
- 2 yemek kaşığı limon suyu
- Tatmak için tuz

TALİMATLAR:
a) Bir blender veya mutfak robotunda taze ıspanak yapraklarını, kavrulmuş fıstıkları, yeşil biberleri, sarımsağı, zencefili, limon suyunu ve tuzu birleştirin.
b) Pürüzsüz olana kadar karıştırın, gerekirse biraz su ekleyerek istediğiniz kıvama ulaşın.
c) Hint turşusunu servis kasesine aktarın. Gerekirse baharatı ayarlayın. Daldırma veya yayılma olarak servis yapın.

49. Turp Chutney

İÇİNDEKİLER:
- 2 su bardağı rendelenmiş turp
- 1 soğan, doğranmış
- 2 yeşil biber
- 2 yemek kaşığı rendelenmiş hindistan cevizi
- 1 yemek kaşığı limon suyu
- 1 çay kaşığı hardal tohumu
- 1/2 çay kaşığı kimyon tohumu
- Bir tutam asafoetida (hing)
- Tatmak için tuz

TALİMATLAR:
a) Yağı bir tavada orta ateşte ısıtın. Hardal tohumlarını ekleyin ve dağılmalarını sağlayın.
b) Kimyon tohumlarını ve asafoetida'yı, ardından doğranmış soğanları ve yeşil biberleri ekleyin. Soğanlar yarı saydam hale gelinceye kadar soteleyin.
c) Rendelenmiş turpu ekleyip yumuşayana kadar pişirin.
d) Rendelenmiş hindistan cevizini ekleyip bir dakika daha pişirin.
e) Ateşten alın ve karışımın hafifçe soğumasını bekleyin. Daha sonra limon suyu ve tuzu ekleyin. İyice karıştırın.
f) Turp turşusunu garnitür veya çeşni olarak servis edin.

50.Mısır ve Domates Turşusu

İÇİNDEKİLER:
- 1 su bardağı taze mısır taneleri
- 2 domates, doğranmış
- 1 soğan, doğranmış
- 2 diş sarımsak, kıyılmış
- 1 inç parça zencefil, rendelenmiş
- 2 yeşil biber
- 1 yemek kaşığı bitkisel yağ
- 1 çay kaşığı hardal tohumu
- 1/2 çay kaşığı zerdeçal tozu
- Tatmak için tuz
- Garnitür için taze kişniş yaprakları

TALİMATLAR:
a) Yağı bir tavada orta ateşte ısıtın. Hardal tohumlarını ekleyin ve dağılmalarını sağlayın.
b) Doğranmış soğanı, kıyılmış sarımsağı, rendelenmiş zencefili ve yeşil biberleri ekleyin. Soğanlar yumuşak ve yarı saydam hale gelinceye kadar soteleyin.
c) Taze mısır tanelerini ve doğranmış domatesleri ekleyin. Domatesler yumuşayana ve mısırlar yumuşayana kadar pişirin.
d) Zerdeçal tozu ve tuzu karıştırın. İyice karıştırın ve bir dakika daha pişirin.
e) Ateşten alın ve Hint turşusunun hafifçe soğumasını bekleyin. Servis yapmadan önce taze kişniş yapraklarıyla süsleyin.

51.Yeşil Fasulye Turşusu

İÇİNDEKİLER:
- 2 su bardağı doğranmış yeşil fasulye
- 1 soğan, doğranmış
- 2 yeşil biber
- 2 yemek kaşığı rendelenmiş hindistan cevizi
- 1 yemek kaşığı demirhindi ezmesi
- 1 çay kaşığı hardal tohumu
- 1/2 çay kaşığı kimyon tohumu
- Bir tutam asafoetida (hing)
- Tatmak için tuz

TALİMATLAR:
a) Yağı bir tavada orta ateşte ısıtın. Hardal tohumlarını ekleyin ve dağılmalarını sağlayın.
b) Kimyon tohumlarını ve asafoetida'yı, ardından doğranmış soğanları ve yeşil biberleri ekleyin. Soğanlar yarı saydam hale gelinceye kadar soteleyin.
c) Doğranmış yeşil fasulyeleri ekleyip yumuşayıncaya kadar pişirin.
d) Rendelenmiş hindistan cevizi ve demirhindi ezmesini karıştırın. Bir dakika daha pişirin.
e) Ateşten alın ve karışımın hafifçe soğumasını bekleyin. Daha sonra tuzu ekleyip iyice karıştırın.
f) Yeşil fasulye turşusunu garnitür veya çeşni olarak servis edin.

52.Baharatlı Yeşil Domates Turşusu

İÇİNDEKİLER:
- 2 su bardağı yeşil domates, doğranmış
- 1 soğan, ince doğranmış
- 2 yeşil biber, doğranmış
- 2 diş sarımsak, kıyılmış
- 1 inç parça zencefil, rendelenmiş
- 1/4 su bardağı elma sirkesi
- 2 yemek kaşığı esmer şeker
- 1/2 çay kaşığı hardal tohumu
- 1/2 çay kaşığı kimyon tohumu
- 1/4 çay kaşığı zerdeçal tozu
- Tatmak için tuz

TALİMATLAR:
a) Yağı bir tavada orta ateşte ısıtın. Hardal tohumu ve kimyon tohumu ekleyin. Bırakın dağılsınlar.
b) Doğranmış soğanı, yeşil biberi, kıyılmış sarımsağı ve rendelenmiş zencefili ekleyin. Soğanlar yarı saydam hale gelinceye kadar soteleyin.
c) Doğranmış yeşil domatesleri ekleyip yumuşayıncaya kadar pişirin.
d) Elma sirkesi, esmer şeker, zerdeçal tozu ve tuzu karıştırın. Karışım hafifçe koyulaşana kadar pişirin.
e) Hint turşusunu sterilize edilmiş kavanozlara aktarmadan önce tamamen soğumasını bekleyin. Buzdolabında saklayın.

53. Balkabağı ve Kuru Üzüm Chutney

İÇİNDEKİLER:

- 2 su bardağı kabak, doğranmış
- 1 soğan, doğranmış
- 1/2 bardak kuru üzüm
- 2 yemek kaşığı elma sirkesi
- 2 yemek kaşığı bal veya esmer şeker
- 1/2 çay kaşığı hardal tohumu
- 1/2 çay kaşığı kimyon tohumu
- 1/4 çay kaşığı tarçın tozu
- bir tutam küçük hindistan cevizi
- Tatmak için tuz

TALİMATLAR:

a) Yağı bir tavada orta ateşte ısıtın. Hardal tohumu ve kimyon tohumu ekleyin. Bırakın dağılsınlar.
b) Doğranmış soğanları ekleyip şeffaflaşıncaya kadar soteleyin.
c) Küp küp doğranmış balkabağını ekleyip yumuşayana kadar pişirin.
d) Kuru üzüm, elma sirkesi, bal (veya esmer şeker), tarçın tozu, hindistan cevizi ve tuzu karıştırın. Hint turşusu hafifçe kalınlaşana kadar pişirin.
e) Hint turşusunu sterilize edilmiş kavanozlara aktarmadan önce tamamen soğumasını bekleyin. Buzdolabında saklayın.

54.Ispanak ve Hindistan Cevizi Chutney

İÇİNDEKİLER:
- 2 su bardağı ıspanak yaprağı, yıkanıp doğranmış
- 1 soğan, doğranmış
- 1/2 su bardağı rendelenmiş hindistan cevizi
- 2 yeşil biber
- 2 yemek kaşığı limon suyu
- 1 çay kaşığı hardal tohumu
- 1/2 çay kaşığı kimyon tohumu
- 1/4 çay kaşığı zerdeçal tozu
- Tatmak için tuz

TALİMATLAR:
a) Yağı bir tavada orta ateşte ısıtın. Hardal tohumu ve kimyon tohumu ekleyin. Bırakın dağılsınlar.
b) Doğranmış soğanları ekleyip şeffaflaşıncaya kadar soteleyin.
c) Doğranmış ıspanak yapraklarını ekleyip suyunu çekene kadar pişirin.
d) Rendelenmiş hindistan cevizini, yeşil biberleri, limon suyunu, zerdeçal tozunu ve tuzu ekleyip karıştırın. Birkaç dakika daha pişirin.
e) Hint turşusunu sterilize edilmiş kavanozlara aktarmadan önce tamamen soğumasını bekleyin. Buzdolabında saklayın.

55.Turp ve Nane Chutney

İÇİNDEKİLER:
- 2 su bardağı rendelenmiş turp
- 1/2 su bardağı taze nane yaprağı
- 1/4 su bardağı kavrulmuş fıstık
- 2 yeşil biber
- 2 yemek kaşığı limon suyu
- 1 çay kaşığı hardal tohumu
- 1/2 çay kaşığı kimyon tohumu
- 1/4 çay kaşığı kırmızı biber tozu
- Tatmak için tuz

TALİMATLAR:
a) Yağı bir tavada orta ateşte ısıtın. Hardal tohumu ve kimyon tohumu ekleyin. Bırakın dağılsınlar.
b) Rendelenmiş turpu ekleyip yumuşayana kadar soteleyin.
c) Bir karıştırıcıda taze nane yapraklarını, kavrulmuş fıstıkları, yeşil biberleri, limon suyunu, kırmızı biber tozunu ve tuzu birleştirin. Pürüzsüz bir macun haline getirin.
d) Nane ezmesini pişmiş turp karışımına karıştırın. Birkaç dakika daha pişirin.
e) Hint turşusunu sterilize edilmiş kavanozlara aktarmadan önce tamamen soğumasını bekleyin. Buzdolabında saklayın.

56.Kırmızı Biber (Biber) ve Domates Turşusu

İÇİNDEKİLER:

- 2 orta boy domates, doğranmış
- 2 adet orta boy dolmalık biber (küp küp doğranmış)
- 1 soğan, ince doğranmış
- 2 yeşil biber, doğranmış
- 1 yemek kaşığı zencefil-sarımsak ezmesi
- 1 çay kaşığı hardal tohumu
- 1 çay kaşığı kimyon tohumu
- 1/2 çay kaşığı zerdeçal tozu
- 1 çay kaşığı kırmızı toz biber
- 1 yemek kaşığı sirke
- Tatmak için tuz
- 2 yemek kaşığı yağ

TALİMATLAR:

a) Yağı bir tavada ısıtın. Hardal tohumu ve kimyon tohumu ekleyin. Bırakın dağılsınlar.
b) Doğranmış soğanları ve yeşil biberleri ekleyin. Soğanlar altın rengine dönene kadar soteleyin.
c) Zencefil-sarımsak ezmesini ekleyin ve bir dakika soteleyin.
d) Küp küp doğradığınız domatesleri ve biberleri ekleyin. Yumuşayana kadar pişirin.
e) Zerdeçal tozu, kırmızı biber tozu, sirke ve tuzu karıştırın. Hint turşusu kalınlaşana kadar birkaç dakika daha pişirin.
f) Hint turşusunu sterilize edilmiş kavanozlara saklamadan önce tamamen soğumasını bekleyin. Buzdolabına koyun ve birkaç hafta içinde kullanın.

57. Baharatlı Brinjal (Patlıcan) Hint Turşusu

İÇİNDEKİLER:
- 2 orta boy brinjal (patlıcan), doğranmış
- 1 soğan, doğranmış
- 2 domates, doğranmış
- 2 yeşil biber, doğranmış
- 2 diş sarımsak, kıyılmış
- 1 yemek kaşığı demirhindi ezmesi
- 1 çay kaşığı hardal tohumu
- 1 çay kaşığı kimyon tohumu
- 1/2 çay kaşığı zerdeçal tozu
- 1 çay kaşığı kırmızı toz biber
- Tatmak için tuz
- 2 yemek kaşığı yağ

TALİMATLAR:
a) Yağı bir tavada ısıtın. Hardal tohumu ve kimyon tohumu ekleyin. Bırakın dağılsınlar.
b) Doğranmış soğanları ve yeşil biberleri ekleyin. Soğanlar yarı saydam hale gelinceye kadar soteleyin.
c) Kıyılmış sarımsağı ekleyip bir dakika soteleyin.
d) Doğranmış brinjalleri ve domatesleri ekleyin. Yumuşak hale gelinceye kadar pişirin.
e) Demirhindi ezmesini, zerdeçal tozunu, kırmızı biber tozunu ve tuzu karıştırın. Hint turşusu kalınlaşana kadar birkaç dakika daha pişirin.
f) Hint turşusunu sterilize edilmiş kavanozlara saklamadan önce tamamen soğumasını bekleyin. Buzdolabına koyun ve birkaç hafta içinde kullanın.

58.Baharatlı Havuç Turşusu

İÇİNDEKİLER:
- 2 su bardağı rendelenmiş havuç
- 1 soğan, doğranmış
- 2 yeşil biber, doğranmış
- 2 yemek kaşığı rendelenmiş hindistan cevizi
- 1 çay kaşığı hardal tohumu
- 1 çay kaşığı urad dal (bölünmüş siyah gram)
- 1/2 çay kaşığı kimyon tohumu
- 1/4 çay kaşığı asafoetida (hing)
- 1 yemek kaşığı demirhindi ezmesi
- Tatmak için tuz
- 2 yemek kaşığı yağ

TALİMATLAR:
a) Yağı bir tavada ısıtın. Hardal tohumu, urad dal ve kimyon tohumu ekleyin. Bırakın dağılsınlar.
b) Doğranmış soğanları ve yeşil biberleri ekleyin. Soğanlar yarı saydam hale gelinceye kadar soteleyin.
c) Rendelenmiş havuç ve rendelenmiş hindistan cevizini ekleyin. Havuçlar yumuşayana kadar pişirin.
d) Demirhindi ezmesini, asafoetida'yı ve tuzu karıştırın. Hint turşusu kalınlaşana kadar birkaç dakika daha pişirin.
e) Hint turşusunu sterilize edilmiş kavanozlara saklamadan önce tamamen soğumasını bekleyin. Buzdolabına koyun ve birkaç hafta içinde kullanın.

59.Tangy Ridge Kabak (Luffa) Hint Turşusu

İÇİNDEKİLER:
- 2 su bardağı rendelenmiş sırt kabağı (luffa)
- 1 soğan, doğranmış
- 2 yeşil biber, doğranmış
- 1 yemek kaşığı rendelenmiş zencefil
- 1 yemek kaşığı rendelenmiş hindistan cevizi
- 1 çay kaşığı hardal tohumu
- 1 çay kaşığı urad dal (bölünmüş siyah gram)
- 1/2 çay kaşığı çemen otu tohumu
- 1/4 çay kaşığı asafoetida (hing)
- 1 yemek kaşığı demirhindi ezmesi
- Tatmak için tuz
- 2 yemek kaşığı yağ

TALİMATLAR:
a) Yağı bir tavada ısıtın. Hardal tohumu, urad dal, çemen otu tohumu ve asafoetida ekleyin. Bırakın dağılsınlar.
b) Doğranmış soğanı, yeşil biberi ve rendelenmiş zencefili ekleyin. Soğanlar yarı saydam hale gelinceye kadar soteleyin.
c) Rendelenmiş sırt kabağını ve rendelenmiş hindistan cevizini ekleyin. Sırt kabağı yumuşayana kadar pişirin.
d) Demirhindi ezmesini ve tuzu karıştırın. Hint turşusu kalınlaşana kadar birkaç dakika daha pişirin.
e) Hint turşusunu sterilize edilmiş kavanozlara saklamadan önce tamamen soğumasını bekleyin. Buzdolabına koyun ve birkaç hafta içinde kullanın.

BİTKİ HASTALIĞI

60.Fiji Kişniş ve Limon Chutney

İÇİNDEKİLER:

- 1 bardak taze kişniş yaprağı, sapları çıkarılmış
- 2 limonun suyu
- 2 diş sarımsak, kıyılmış
- 1-2 yeşil biber, ince doğranmış
- ½ çay kaşığı kimyon tozu
- Tatmak için tuz

TALİMATLAR:

a) Bir mutfak robotunda kişniş, limon suyu, kıyılmış sarımsak, doğranmış yeşil biber, kimyon tozu ve tuzu birleştirin.

b) Parlak, keskin bir tada sahip pürüzsüz bir Hint turşusu elde edene kadar karıştırın.

c) Bu kişniş ve limon turşusunu ızgara veya kızartılmış yemekler için lezzetli bir çeşni olarak servis edin.

61.Kişniş-Nane Chutney

İÇİNDEKİLER:
- 2 su bardağı taze kişniş yaprağı
- 1 su bardağı taze nane yaprağı
- ⅓ su bardağı sade yoğurt
- ¼ bardak ince doğranmış soğan
- 1 yemek kaşığı limon suyu
- 1½ çay kaşığı şeker
- ½ çay kaşığı öğütülmüş kimyon
- ¼ çay kaşığı sofra tuzu

TALİMATLAR:
a) Tüm malzemeleri bir mutfak robotunda pürüzsüz hale gelinceye kadar yaklaşık 20 saniye işleyin ve gerektiğinde kasenin kenarlarını kazıyın.

62.Hindistan Cevizli Kişniş Hint Turşusu

İÇİNDEKİLER:

- 1 bardak taze kişniş yaprağı
- ½ su bardağı kıyılmış hindistan cevizi
- 1 yeşil biber, çekirdeği çıkarılmış ve doğranmış
- 2 yemek kaşığı limon suyu
- 1 yemek kaşığı kavrulmuş chana dal (bölünmüş nohut)
- 1 yemek kaşığı rendelenmiş hindistan cevizi (isteğe bağlı)
- Tatmak için tuz

TALİMATLAR:

a) Bir blender veya mutfak robotunda kişniş yapraklarını, kıyılmış hindistan cevizini, yeşil biberi, limon suyunu, kavrulmuş chana dal'ı, rendelenmiş hindistan cevizini (kullanılıyorsa) ve tuzu birleştirin.
b) Pürüzsüz ve kremsi bir kıvam elde edinceye kadar karıştırın.
c) Tuzunu ve limon suyunu damak tadınıza göre ayarlayın.
ç) Servis kasesine aktarın ve kullanıma hazır oluncaya kadar buzdolabında saklayın.
d) Samosalar, dosalar için sos olarak veya sandviçler için sos olarak servis yapın.

63. Ananas Nane Chutney

İÇİNDEKİLER:

- 2 su bardağı taze ananas, doğranmış
- 1/2 bardak kırmızı soğan, ince doğranmış
- 1/4 bardak taze nane yaprağı, doğranmış
- 1 jalapeno biberi, ince doğranmış
- 2 yemek kaşığı limon suyu
- 2 yemek kaşığı bal
- Bir tutam tuz

TALİMATLAR:

a) Bir kasede doğranmış taze ananas, ince doğranmış kırmızı soğan, doğranmış taze nane yaprakları, ince doğranmış jalapeno biberi, limon suyu, bal ve bir tutam tuzu birleştirin.

b) Tatların eşit dağılımını sağlamak için malzemeleri iyice karıştırın.

c) Servis yapmadan önce, turşuyu en az 1 saat buzdolabında soğumaya bırakın.

ç) Bu ananaslı nane turşusunu ızgara tavuk, balık veya tacosların üzerine serinletici bir garnitür olarak servis edin.

64.Çemen Filiz ve Domates Chutney

İÇİNDEKİLER:
- 2 su bardağı çemen otu filizi
- 4 domates, doğranmış
- 1 soğan, doğranmış
- 2 yeşil biber, doğranmış
- Sarımsak karanfilleri, kıyılmış
- Hardal tohumu
- Kimyon tohumları
- köri yaprakları
- Tatmak için tuz
- Yemek pişirmek için yağ

TALİMATLAR:
a) Bir tavada yağı ısıtın ve hardal tohumlarını, kimyon tohumlarını ve köri yapraklarını ekleyin. Dağılmalarına izin verin.
b) Doğranmış soğanı, yeşil biberi ve kıyılmış sarımsağı ekleyin. Soğanlar yarı saydam oluncaya kadar soteleyin.
c) Doğranmış domatesleri ekleyip yumuşayıncaya kadar pişirin.
ç) Çemen otu filizlerini karıştırın ve birkaç dakika pişirin.
d) Tuz ekleyin ve karışım koyulaşana kadar pişirmeye devam edin.
e) Çemen otu filizini ve domates sosunu pilavla veya garnitür olarak servis edin.

65.Kişniş Chutney

İÇİNDEKİLER:
- ½ çay kaşığı kimyon tohumu, kızartılmış ve öğütülmüş
- ½ çay kaşığı sarı hardal tohumu, kızartılmış ve öğütülmüş
- 1 büyük demet kişniş
- 1 küçük sarı soğan, soyulmuş ve doğranmış (yaklaşık ½ bardak)
- ¼ bardak şekersiz hindistan cevizi
- 3 yemek kaşığı rendelenmiş zencefil
- 2 serrano şili, saplı (daha az ısı için tohumları çıkarın)
- 2 limonun kabuğu rendesi ve suyu
- Tatmak için tuz

TALİMATLAR:
a) Tüm malzemeleri blenderda birleştirin ve pürüzsüz hale gelinceye kadar yüksek ayarda karıştırın.
b) Kalın bir macun elde etmek için gerektiği kadar su ekleyin.

66.Fesleğen Pesto Chutney

İÇİNDEKİLER:

- 2 su bardağı taze fesleğen yaprağı
- 1/4 su bardağı çam fıstığı veya ceviz
- 2 diş sarımsak
- 1/4 su bardağı rendelenmiş parmesan peyniri
- 1/2 su bardağı zeytinyağı
- Tatmak için biber ve tuz

TALİMATLAR:

a) Bir mutfak robotunda fesleğen yapraklarını, çam fıstığını veya cevizi, sarımsağı ve Parmesan peynirini birleştirin.
b) İri bir şekilde doğranana kadar nabız atın.
c) Mutfak robotu çalışırken, karışım pürüzsüz bir macun oluşana kadar yavaşça zeytinyağı ekleyin.
ç) Tatmak için tuz ve karabiber ekleyin.
d) Pesto sosunu bir kavanoza aktarın ve buzdolabında saklayın. Makarna için sürme, daldırma veya sos olarak kullanılabilir.

67.Dereotu ve Yoğurt Chutney

İÇİNDEKİLER:
- 1 su bardağı taze dereotu, doğranmış
- 1 su bardağı sade yoğurt
- 1 diş sarımsak, kıyılmış
- 1 yemek kaşığı limon suyu
- Tatmak için tuz

TALİMATLAR:
a) Bir kapta doğranmış dereotu, sade yoğurt, kıyılmış sarımsak, limon suyu ve tuzu karıştırın.
b) İyice birleşene kadar karıştırın.
c) İstenirse daha fazla tuz veya limon suyu ekleyerek baharatları damak tadınıza göre ayarlayın.
ç) Soğutulmuş dereotu ve yoğurt turşusunu ızgara etlere, kavrulmuş sebzelere serinletici bir eşlik olarak veya cips veya krakerlerin yanına sos olarak servis edin.

68. Maydanoz ve Ceviz Chutney

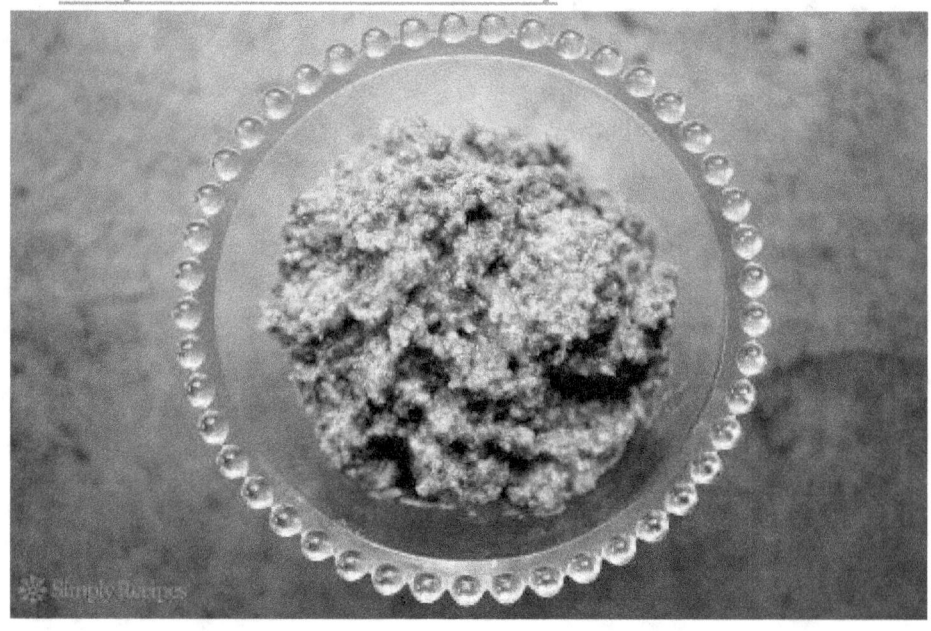

İÇİNDEKİLER:
- 1 su bardağı taze maydanoz yaprağı
- 1/2 su bardağı ceviz
- 1 diş sarımsak
- 2 yemek kaşığı limon suyu
- 1/4 su bardağı zeytinyağı
- Tatmak için biber ve tuz

TALİMATLAR:
a) Bir mutfak robotunda taze maydanoz yapraklarını, cevizi, sarımsağı ve limon suyunu birleştirin.
b) İnce bir şekilde doğranana kadar nabız atın.
c) Mutfak robotu çalışırken, karışım pürüzsüz bir macun oluşana kadar yavaşça zeytinyağını gezdirin.
ç) Tatmak için tuz ve karabiber ekleyin.
d) Maydanoz ve ceviz sosunu bir kavanoza aktarın ve kullanıma hazır olana kadar buzdolabında saklayın. Izgara etlerle, balıklarla veya sandviçlerin üzerine sürülmek için iyi bir şekilde eşleşir.

69.Biberiye ve Badem Chutney

İÇİNDEKİLER:
- 1/2 bardak taze biberiye yaprağı
- 1/4 bardak badem
- 1 diş sarımsak
- 1 yemek kaşığı limon suyu
- 1/4 su bardağı zeytinyağı
- Tatmak için tuz

TALİMATLAR:
a) Bir mutfak robotunda taze biberiye yapraklarını, bademleri, sarımsakları ve limon suyunu birleştirin.
b) İri bir şekilde doğranana kadar nabız atın.
c) Mutfak robotu çalışırken, karışım istediğiniz kıvama gelinceye kadar yavaş yavaş zeytinyağı ekleyin.
ç) Tatmak için tuzla tatlandırın.
d) Biberiye ve badem sosunu bir kavanoza aktarın ve kullanıma hazır olana kadar buzdolabında saklayın. Kavrulmuş sebzelere, ızgara etlere veya crostini için üst malzeme olarak lezzetli bir tat katar.

70.Nane ve Kaju Chutney

İÇİNDEKİLER:
- 1 su bardağı taze nane yaprağı
- 1/2 bardak kavrulmuş kaju fıstığı
- 2 yeşil biber, doğranmış
- 1 yemek kaşığı rendelenmiş hindistan cevizi (isteğe bağlı)
- 1 yemek kaşığı limon suyu
- Tatmak için tuz
- Gerektiği kadar su

TALİMATLAR:

a) Bir blender veya mutfak robotunda taze nane yapraklarını, kavrulmuş kaju fıstıklarını, doğranmış yeşil biberleri, rendelenmiş hindistan cevizini (eğer kullanılıyorsa), limon suyunu ve bir tutam tuzu birleştirin.

b) Pürüzsüz olana kadar karıştırın, istediğiniz kıvama ulaşmak için gerektiği kadar su ekleyin.

c) Gerekirse baharatı tadın ve ayarlayın.

ç) Nane ve kaju turşusunu bir kavanoza aktarın ve buzdolabında saklayın. Atıştırmalıklar veya yemeklerle birlikte sos olarak veya sürerek servis yapın.

71. Kişniş ve Fıstık Chutney

İÇİNDEKİLER:
- 1 bardak taze kişniş yaprağı
- 1/2 su bardağı kavrulmuş fıstık
- 2 yeşil biber, doğranmış
- 1 yemek kaşığı rendelenmiş zencefil
- 1 yemek kaşığı demirhindi ezmesi
- Tatmak için tuz
- Gerektiği kadar su

TALİMATLAR:

a) Bir blender veya mutfak robotunda taze kişniş yapraklarını, kavrulmuş fıstıkları, doğranmış yeşil biberleri, rendelenmiş zencefili, demirhindi ezmesini ve tuzu birleştirin.

b) İstenilen kıvamı elde etmek için yavaş yavaş su ekleyerek pürüzsüz hale gelinceye kadar karıştırın.

c) Baharatını damak tadınıza göre ayarlayın.

ç) Kişniş ve fıstık turşusunu bir kavanoza aktarın ve kullanıma hazır olana kadar buzdolabında saklayın. Atıştırmalıkların veya Hint yemeklerinin yanında çeşni veya dip sos olarak servis yapın.

72.Frenk Soğanı ve Ceviz Chutney

İÇİNDEKİLER:

- 1 su bardağı taze frenk soğanı, doğranmış
- 1/2 su bardağı ceviz
- 1 diş sarımsak
- 1 yemek kaşığı limon suyu
- 1/4 su bardağı zeytinyağı
- Tatmak için biber ve tuz

TALİMATLAR:

a) Bir mutfak robotunda taze frenk soğanı, ceviz, sarımsak, limon suyu ve zeytinyağını birleştirin.
b) Karışım kaba bir macun oluşana kadar darbe uygulayın.
c) Tatmak için tuz ve karabiber ekleyin.
ç) Frenk soğanı ve ceviz turşusunu bir kavanoza aktarın ve kullanıma hazır olana kadar buzdolabında saklayın. Sandviçlerin üzerine sürülecek, ızgara sebzelerin üzerine konulacak veya krakerlere ek olarak tadını çıkarın.

73.Adaçayı ve Fındık Chutney

İÇİNDEKİLER:

- 1 su bardağı taze adaçayı yaprağı
- 1/2 su bardağı kavrulmuş fındık
- 1 diş sarımsak
- 1 limon kabuğu rendesi ve
- 2 yemek kaşığı limon suyu
- 1/4 su bardağı zeytinyağı
- Tatmak için biber ve tuz

TALİMATLAR:

a) Bir mutfak robotunda taze adaçayı yapraklarını, kavrulmuş fındıkları, sarımsağı, limon kabuğu rendesini, limon suyunu ve zeytinyağını birleştirin.

b) Karışım yoğun bir macun oluşana kadar darbe uygulayın.

c) Tatmak için tuz ve karabiber ekleyin.

ç) Adaçayı ve fındık turşusunu bir kavanoza aktarın ve kullanıma hazır olana kadar buzdolabında saklayın. Kavrulmuş etler, ızgara balıklar için çeşni olarak veya çorbalar ve güveçler için lezzet arttırıcı olarak servis yapın.

74.Limonlu Kekik Chutney

İÇİNDEKİLER:
- 1 su bardağı taze kekik yaprağı
- 1/2 bardak badem, kızarmış
- 1 diş sarımsak
- 1 limonun kabuğu rendesi ve suyu
- 1/4 su bardağı zeytinyağı
- Tatmak için tuz

TALİMATLAR:
a) Bir mutfak robotunda taze kekik yapraklarını, kızarmış bademleri, sarımsağı, limon kabuğu rendesini ve limon suyunu birleştirin.
b) Karışım kaba bir macun oluşana kadar darbe uygulayın.
c) Mutfak robotu çalışırken, iyice birleşene kadar yavaşça zeytinyağını gezdirin.
ç) Tatmak için tuzla tatlandırın.
d) Limonlu kekik turşusunu bir kavanoza aktarın ve kullanıma hazır olana kadar buzdolabında saklayın. Izgara etlerle, kavrulmuş sebzelerle veya sandviçlerin üzerine sürülerek iyi uyum sağlar.

75.Tarhun ve Fıstık Chutney

İÇİNDEKİLER:

- 1 su bardağı taze tarhun yaprağı
- 1/2 bardak antep fıstığı, kabuklu ve kızartılmış
- 1 arpacık soğanı, doğranmış
- 1 yemek kaşığı beyaz şarap sirkesi
- 1/4 su bardağı zeytinyağı
- Tatmak için biber ve tuz

TALİMATLAR:

a) Bir mutfak robotunda taze tarhun yapraklarını, kızarmış antep fıstığını, doğranmış arpacık soğanını ve beyaz şarap sirkesini birleştirin.
b) Karışım kaba bir macun oluşana kadar darbe uygulayın.
c) Mutfak robotu çalışırken, iyice birleşene kadar yavaşça zeytinyağını gezdirin.
ç) Tatmak için tuz ve karabiber ekleyin.
d) Tarhun ve fıstık turşusunu bir kavanoza aktarın ve kullanıma hazır olana kadar buzdolabında saklayın. Izgara balık, tavuk veya ham et sos olarak servis edilir.

76.Kekik ve Ceviz Chutney

İÇİNDEKİLER:

- 1 su bardağı taze kekik yaprağı
- 1/2 bardak ceviz, kızarmış
- 2 diş sarımsak
- 1 limonun kabuğu rendesi ve suyu
- 1/4 su bardağı zeytinyağı
- Tatmak için tuz

TALİMATLAR:

a) Bir mutfak robotunda taze kekik yapraklarını, kızarmış cevizi, sarımsağı, limon kabuğu rendesini ve limon suyunu birleştirin.
b) Karışım kaba bir macun oluşana kadar darbe uygulayın.
c) Mutfak robotu çalışırken, iyice birleşene kadar yavaşça zeytinyağını gezdirin.
ç) Tatmak için tuzla tatlandırın.
d) Kekik ve ceviz sosunu bir kavanoza aktarın ve kullanıma hazır olana kadar buzdolabında saklayın. Izgara sebzelerin, makarnaların üzerine ya da bruschetta'ya sürülecek bir malzeme olarak harikadır.

77.Adaçayı ve Çam Fıstığı Turşusu

İÇİNDEKİLER:
- 1 su bardağı taze adaçayı yaprağı
- 1/2 bardak çam fıstığı, kızartılmış
- 1 arpacık soğanı, doğranmış
- 1 yemek kaşığı balzamik sirke
- 1/4 su bardağı zeytinyağı
- Tatmak için biber ve tuz

TALİMATLAR:

a) Bir mutfak robotunda taze adaçayı yapraklarını, kızarmış çam fıstıklarını, doğranmış arpacık soğanını ve balzamik sirkeyi birleştirin.
b) Karışım kaba bir macun oluşana kadar darbe uygulayın.
c) Mutfak robotu çalışırken, iyice birleşene kadar yavaşça zeytinyağını gezdirin.
ç) Tatmak için tuz ve karabiber ekleyin.
d) Adaçayı ve çam fıstığı turşusunu bir kavanoza aktarın ve kullanıma hazır olana kadar buzdolabında saklayın. Kavrulmuş etlere, ızgara sebzelere veya crostini üzerine sürülmek için enfes bir eşlikçidir.

78.Biberiye ve Sarımsak Hint Turşusu

İÇİNDEKİLER:
- 1 su bardağı taze biberiye yaprağı
- 4 diş sarımsak
- 1/4 bardak çam fıstığı, kızartılmış
- 1/4 su bardağı rendelenmiş parmesan peyniri
- 1/4 su bardağı zeytinyağı
- Tatmak için biber ve tuz

TALİMATLAR:
a) Bir mutfak robotunda taze biberiye yapraklarını, diş sarımsaklarını, kızarmış çam fıstıklarını ve rendelenmiş Parmesan peynirini birleştirin.
b) Karışım ince bir şekilde doğranana kadar nabız atın.
c) Mutfak robotu çalışırken, karışım bir macun kıvamına gelinceye kadar yavaşça zeytinyağını gezdirin.
ç) Tatmak için tuz ve karabiber ekleyin.
d) Biberiye ve sarımsak sosunu bir kavanoza aktarın ve kullanıma hazır olana kadar buzdolabında saklayın. Ekmek, sandviç veya krakerlerin üzerine sürmek için idealdir.

79.Frenk soğanı ve limon kabuğu rendesi turşusu

İÇİNDEKİLER:
- 1 su bardağı taze frenk soğanı, doğranmış
- 2 limonun kabuğu rendesi
- 1/4 bardak kızarmış badem
- 2 yemek kaşığı limon suyu
- 1/4 su bardağı sızma zeytinyağı
- Tatmak için biber ve tuz

TALİMATLAR:
a) Bir mutfak robotunda taze frenk soğanı, limon kabuğu rendesi, kızarmış badem ve limon suyunu birleştirin.
b) Karışım ince bir şekilde doğranana kadar nabız atın.
c) Mutfak robotu çalışırken, karışım pürüzsüz bir macun oluşana kadar yavaşça zeytinyağını gezdirin.
ç) Tatmak için tuz ve karabiber ekleyin.
d) Frenk soğanı ve limon kabuğu rendesini bir kavanoza aktarın ve kullanıma hazır olana kadar buzdolabında saklayın. Izgara balıkla, kavrulmuş sebzelerle ya da salataların üzerine eklenerek lezzetli bir şekilde servis edilir.

80. Adaçayı ve Limonlu Kekik Chutney

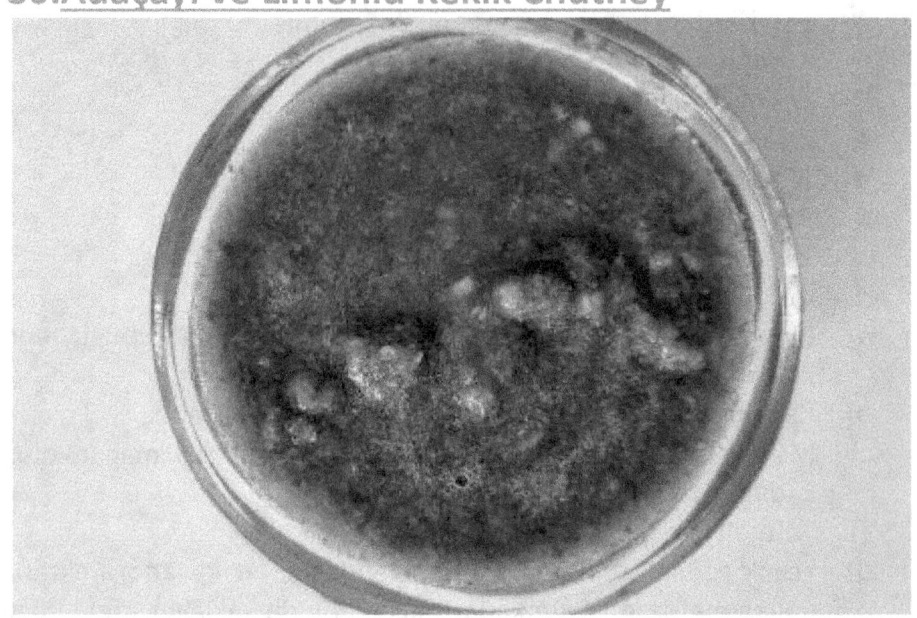

İÇİNDEKİLER:
- 1 su bardağı taze adaçayı yaprağı
- 1/2 su bardağı taze limon kekik yaprağı
- 1/4 bardak ceviz, kızarmış
- 2 diş sarımsak
- 1 limonun kabuğu rendesi ve suyu
- 1/4 su bardağı sızma zeytinyağı
- Tatmak için tuz

TALİMATLAR:
a) Bir mutfak robotunda taze adaçayı yapraklarını, limonlu kekik yapraklarını, kızarmış cevizleri, sarımsak dişlerini, limon kabuğu rendesini ve limon suyunu birleştirin.
b) Karışım kaba bir macun oluşana kadar darbe uygulayın.
c) Mutfak robotu çalışırken, karışım iyice birleşene kadar yavaşça zeytinyağını gezdirin.
ç) Tatmak için tuzla tatlandırın.
d) Adaçayı ve limonlu kekik turşusunu bir kavanoza aktarın ve kullanıma hazır olana kadar buzdolabında saklayın. Kavrulmuş etlere, ızgara sebzelere veya sandviçlerin üzerine sürülmek için harika bir eşlikçidir.

81. Fesleğen ve Güneşte Kurutulmuş Domates Turşusu

İÇİNDEKİLER:

- 2 su bardağı taze fesleğen yaprağı
- 1/2 bardak güneşte kurutulmuş domates (yağda paketlenmiş), süzülmüş
- 1/4 bardak çam fıstığı, kızartılmış
- 2 diş sarımsak
- 1/4 su bardağı rendelenmiş parmesan peyniri
- 1/4 su bardağı sızma zeytinyağı
- Tatmak için biber ve tuz

TALİMATLAR:

a) Bir mutfak robotunda taze fesleğen yapraklarını, güneşte kurutulmuş domatesleri, kızarmış çam fıstıklarını, diş sarımsaklarını ve rendelenmiş Parmesan peynirini birleştirin.

b) Karışım kalın bir macun oluşana kadar nabız atın.

c) Mutfak robotu çalışırken, karışım iyice birleşene kadar yavaşça zeytinyağını gezdirin.

ç) Tatmak için tuz ve karabiber ekleyin.

d) Fesleğen ve güneşte kurutulmuş domates sosunu bir kavanoza aktarın ve kullanıma hazır olana kadar buzdolabında saklayın. Makarnayla birlikte servis edilmesi, bruschetta'ya sürülmesi veya ızgara tavuk veya balıkla servis edilmesi harikadır.

82.Tarhun ve Arpacık Soğanı Turşusu

İÇİNDEKİLER:
- 1 su bardağı taze tarhun yaprağı
- 2 arpacık soğan, doğranmış
- 1/4 bardak beyaz şarap sirkesi
- 1/4 su bardağı zeytinyağı
- 2 yemek kaşığı bal
- Tatmak için biber ve tuz

TALİMATLAR:
a) Bir mutfak robotunda taze tarhun yapraklarını, doğranmış arpacık soğanını, beyaz şarap sirkesini, zeytinyağını ve balı birleştirin.
b) Karışım pürüzsüz bir macun oluşana kadar nabız atın.
c) Tatmak için tuz ve karabiber ekleyin.
ç) Tarhun ve arpacık soğanı turşusunu bir kavanoza aktarın ve kullanıma hazır olana kadar buzdolabında saklayın. Izgara etlerle, balıklarla veya sandviçlerin üzerine sürülerek iyi uyum sağlar.

83.Limon Verbena ve Badem Chutney

İÇİNDEKİLER:
- 1 bardak taze limon mine çiçeği yaprağı
- 1/2 bardak badem, kızarmış
- 1 diş sarımsak
- 1 limonun kabuğu rendesi ve suyu
- 1/4 su bardağı sızma zeytinyağı
- Tatmak için tuz

TALİMATLAR:
a) Bir mutfak robotunda taze limon mine çiçeği yapraklarını, kızarmış bademleri, sarımsağı, limon kabuğu rendesini ve limon suyunu birleştirin.
b) Karışım kaba bir macun oluşana kadar darbe uygulayın.
c) Mutfak robotu çalışırken, iyice birleşene kadar yavaşça zeytinyağını gezdirin.
ç) Tatmak için tuzla tatlandırın.
d) Limon mineçiçeği ve badem turşusunu bir kavanoza aktarın ve kullanıma hazır olana kadar buzdolabında saklayın. Crostini üzerine sürülmek, makarnayla birlikte servis edilmek veya ızgara sebzelerin yanında servis edilmek harikadır.

84.Mercanköşk ve Fındık Chutney

İÇİNDEKİLER:

- 1 su bardağı taze mercanköşk yaprağı
- 1/2 bardak fındık, kızarmış
- 1 arpacık soğanı, doğranmış
- 1 yemek kaşığı kırmızı şarap sirkesi
- 1/4 su bardağı zeytinyağı
- Tatmak için biber ve tuz

TALİMATLAR:

a) Bir mutfak robotunda taze mercanköşk yapraklarını, kavrulmuş fındıkları, doğranmış arpacık soğanını ve kırmızı şarap sirkesini birleştirin.
b) Karışım kaba bir macun oluşana kadar darbe uygulayın.
c) Mutfak robotu çalışırken, iyice birleşene kadar yavaşça zeytinyağını gezdirin.
ç) Tatmak için tuz ve karabiber ekleyin.
d) Mercanköşk ve fındık turşusunu bir kavanoza aktarın ve kullanıma hazır olana kadar buzdolabında saklayın. Kavrulmuş etler, ızgara deniz ürünleri veya çıtır ekmeğin yanında servis edilen lezzetli bir yemektir.

85.Kekik ve Cevizli Chutney

İÇİNDEKİLER:
- 1 su bardağı taze kekik yaprağı
- 1/2 bardak ceviz, kızartılmış
- 2 diş sarımsak
- 1 limonun kabuğu rendesi ve suyu
- 1/4 su bardağı sızma zeytinyağı
- Tatmak için biber ve tuz

TALİMATLAR:
a) Bir mutfak robotunda taze kekik yapraklarını, kızarmış cevizleri, sarımsak dişlerini, limon kabuğu rendesini ve limon suyunu birleştirin.
b) Karışım kaba bir macun oluşana kadar darbe uygulayın.
c) Mutfak robotu çalışırken, iyice birleşene kadar yavaşça zeytinyağını gezdirin.
ç) Tatmak için tuz ve karabiber ekleyin.
d) Kekik ve cevizli turşuyu bir kavanoza aktarın ve kullanıma hazır olana kadar buzdolabında saklayın. Izgara etler için marine sosu olarak, çorbalara karıştırılarak veya kavrulmuş sebzelerin üzerine ilave olarak harikadır.

ÇİÇEK HASTALIĞI

86.Kuşburnu ve Sultanas Chutney

İÇİNDEKİLER:
- 1 pound kuşburnu, tepesi alınmış, kuyruklu ve tohumları çıkarılmış
- 1 litre elma sirkesi
- ½ kiloluk kuru üzüm
- 1 pound pişirme elması, soyulmuş, çekirdeği çıkarılmış ve doğranmış
- 2 çay kaşığı rendelenmiş taze zencefil
- 3 veya 4 kakule kabuğunun tohumları, ezilmiş
- Bir miktar biber sosu
- 1 büyük diş sarımsak, ince doğranmış
- ½ pound yumuşak kahverengi şeker
- Bir limonun suyu ve yarım limonun rendelenmiş kabuğu

TALİMATLAR:
a) Büyük bir tencerede kuşburnu, elma sirkesi, çekirdeksiz kuru üzüm, doğranmış elma, rendelenmiş zencefil, ezilmiş kakule tohumu, kırmızı biber sosu ve ince doğranmış sarımsağı birleştirin.
b) Karışımı hafifçe kaynatın, ardından ısıyı azaltın ve yaklaşık 20-30 dakika veya kuşburnu ve elmalar yumuşayana kadar pişirin.
c) Yumuşak esmer şekeri, limon suyunu ve rendelenmiş limon kabuğu rendesini tavaya ekleyin. Şekerin erimesi için iyice karıştırın.
ç) Hint turşusu istediğiniz kıvama gelinceye kadar ara sıra karıştırarak karışımı 30-40 dakika daha kaynatmaya devam edin.
d) Baharatı damak tadınıza göre ayarlayın. Daha baharatlı bir Hint turşusu tercih ederseniz, daha fazla biber sosu ekleyebilirsiniz.
e) Hint turşusu koyulaşıp aromalar birbirine karışınca ocaktan alın.
f) Kuşburnu turşusunu sterilize edilmiş kavanozlara aktarmadan önce hafifçe soğumasını bekleyin.
g) Kavanozları kapatıp serin ve karanlık bir yerde saklayın. Hint turşusu zamanla olgunlaşmaya ve lezzetlerini geliştirmeye devam edecektir.

87. Lavanta ve Ballı Hint Turşusu

İÇİNDEKİLER:
- 1/4 su bardağı kurutulmuş lavanta çiçekleri
- 1/2 bardak bal
- 2 yemek kaşığı limon suyu
- 1/4 su bardağı su

TALİMATLAR:
a) Küçük bir tencerede kurutulmuş lavanta çiçeklerini, balı, limon suyunu ve suyu birleştirin.
b) Karışımı kısık ateşte hafif bir kaynamaya getirin.
c) Karışım hafifçe koyulaşana kadar ara sıra karıştırarak 5-10 dakika pişirin.
ç) Ateşten alın ve Hint turşusunun tamamen soğumasını bekleyin.
d) Lavanta ve ballı turşuyu bir kavanoza aktarın ve buzdolabında saklayın. Kızarmış ekmek, çörekler üzerine sürülecek şekilde servis yapın veya yoğurt veya dondurmanın tepesi olarak kullanın.

88.Gül Yaprağı ve Kakule Hint Turşusu

İÇİNDEKİLER:
- 1 su bardağı taze gül yaprağı (püskürtülmemiş olduğundan emin olun)
- 1/2 su bardağı şeker
- 1/4 su bardağı su
- 3-4 adet kakule kabuğu, ezilmiş

TALİMATLAR:
a) Bir tencerede taze gül yapraklarını, şekeri, suyu ve ezilmiş kakule kabuklarını birleştirin.
b) Kısık ateşte ara ara karıştırarak şeker eriyene kadar pişirin.
c) Isıyı orta-düşük seviyeye yükseltin ve yaklaşık 15-20 dakika veya karışım şurup kıvamına gelinceye kadar pişirin.
ç) Ateşten alın ve Hint turşusunun tamamen soğumasını bekleyin.
d) Gül yaprağını ve kakule turşusunu bir kavanoza aktarın ve kullanıma hazır olana kadar buzdolabında saklayın. Tatlıların üzerine serpmek, kokteyllere karıştırmak veya peynirle servis etmek için mükemmeldir.

89.Mürver Çiçeği ve Limon Chutney

İÇİNDEKİLER:
- 1 su bardağı mürver çiçeği (yeşil kısımlarını çıkarın)
- 1 limonun kabuğu rendesi ve suyu
- 1/2 su bardağı şeker
- 1/4 su bardağı su

TALİMATLAR:
a) Bir tencerede mürver çiçeği çiçeklerini, limon kabuğu rendesini, limon suyunu, şekeri ve suyu birleştirin.
b) Karışımı kısık ateşte, ara sıra karıştırarak, şeker eriyene kadar pişirin.
c) Yaklaşık 10-15 dakika veya karışım hafifçe kalınlaşana kadar kaynamaya bırakın.
ç) Ateşten alın ve Hint turşusunun tamamen soğumasını bekleyin.
d) Mürver çiçeği ve limon sosunu bir kavanoza aktarın ve kullanıma hazır olana kadar buzdolabında saklayın. Kreplerin üzerine gezdirilir, yoğurtla karıştırılır veya ızgara balık veya tavukla servis edilir.

90. Kabak Çiçeği Turşusu

İÇİNDEKİLER:
- 3 Yemek kaşığı çam fıstığı
- 2 Yemek kaşığı çok sıcak su
- Bir tutam safran ipliği
- 2 bardak gevşek paketlenmiş kabak çiçeği, yaklaşık 12 çiçek
- 1/3 su bardağı iri rendelenmiş Parmigiano peyniri
- ½ su bardağı hafif aromalı zeytinyağı
- Bir tutam tuz

TALİMATLAR:
a) Orta ateşte kuru bir tavada, çam fıstıklarını fındık kokusu alana ve hafif altın rengi olana kadar hafifçe kızartın. Koyu kahverengileşmemeleri veya yanmamaları için onları dikkatlice izleyin. Bir mutfak havlusuna aktarın ve soğumaya bırakın.
b) Küçük bir kasede safranın üzerine 2 yemek kaşığı sıcak suyu dökün ve demlenmeye bırakın.
c) Stamenleri kabak çiçeklerinin ortasından dışarı çekin ve tabandaki sert sapları veya yeşil yaprakları sıkıştırın. Çiçekleri hafifçe ayırın ve gevşek bir şekilde paketlenmiş 2 bardağı ölçün. Çiçekleri bir mutfak robotuna bırakın ve parçalamak için 2-3 kez çalıştırın.
ç) Fındıkları, peyniri ve safranı suyuyla birlikte ekleyin ve her şey kabaca doğranana kadar nabız atın. Makineyi açın ve zeytinyağını yavaşça çiseleyin.
d) Gerektiğinde kasenin kenarlarını durdurun ve kazıyın. Tüm yağ eklendiğinde tadına bir tutam tuz ekleyin. Peyniriniz tuzlu ise ekstra tuz kullanın.
e) Hava geçirmez bir kaba aktarın ve yüzeye çok ince bir tabaka zeytinyağı gezdirin.

BİBER HASTALIĞI

91. Sıcak Biber Chutney

İÇİNDEKİLER:

- 1 büyük soğan
- 2 diş sarımsak
- 1 3-4 inçlik zencefil parçası
- 1 Limon
- Bazı küçük çok acı biberler
- 1 çay kaşığı Tuz
- 2 çay kaşığı karabiber, isteğe göre az ya da çok
- ½ ila 1 çay kaşığı karabiber

TALİMATLAR:

Soğanı kibrit çöpü şeklinde doğrayın. Sarımsağı da kıyın veya minik kibrit çöpü şeklinde doğrayın.

Zencefili soyun ve ince kibrit çöpleri halinde kesin

Limon suyu, tuz ve karabiberi ekleyin.

Şimdi ısıyı ekleyin: tatlandırmak için kırmızı biber tozunu ve ince doğranmış sıcak biberleri ekleyin. İyice karıştırın ve buzdolabında saklayın.

92.Habanero Elma Turşusu

İÇİNDEKİLER:
- 2 pound Pişirme elması; soyulmuş ve küçük doğranmış
- ¼ pint Bitkisel yağ (zeytinyağı değil)
- 2 yemek kaşığı ince doğranmış taze zencefil
- 1 Sarımsağın tamamı; soyulmuş ve ince doğranmış
- 2 yemek kaşığı Beyaz hardal tohumu
- 1 çay kaşığı Çemen otu tohumu; sıcak suya batırılmış, süzülmüş
- ½ çay kaşığı Bütün karabiber
- 2 çay kaşığı öğütülmüş kimyon
- 2 çay kaşığı biber tozu
- 1 çay kaşığı Zerdeçal
- 4 ons Şeker
- 8 sıvı ons Elma sirkesi
- 1 yemek kaşığı Tuz

TALİMATLAR:

a) Tavanızda yağı ısıtın, sarımsak ve zencefili rengi dönene kadar hafifçe kızartın, ardından geri kalan baharatları ekleyip üç dakika daha pişirin. Sirkeyi, elmaları, havuçları, şekeri ve tuzu ekleyip bir süre pişirin. Kalın, posalı bir karışım elde edene kadar yaklaşık bir saat kadar kesirli. Buradaki fikir, elmaların tamamen parçalanmasıdır.

b) Sıcak sterilize edilmiş kavanozlara yerleştirin, sirke geçirmez kapaklarla kapatın ve yaklaşık 2 ay kadar unutmaya çalışın. Sonra afiyet olsun! Buzdolabına gerek kalmadan gayet iyi muhafaza edilir.

93.Yeşil Biber ve Kişniş Chutney

İÇİNDEKİLER:
- 10-12 adet yeşil biber
- 1 su bardağı taze kişniş yaprağı (kişniş)
- 1 yemek kaşığı limon suyu
- 1 çay kaşığı kimyon tohumu
- Tatmak için tuz
- Gerektiği kadar su

TALİMATLAR:
a) Bir karıştırıcıda yeşil biberleri, kişniş yapraklarını, limon suyunu, kimyon tohumlarını ve tuzu birleştirin.
b) İstenilen kıvamı elde etmek için gerektiği kadar su ekleyerek pürüzsüz hale gelinceye kadar karıştırın.
c) Baharatını damak tadınıza göre ayarlayın.
ç) Servis kasesine aktarın ve atıştırmalıklarla veya samosa, pakora veya diğer mezelerin yanına sos olarak servis yapın.

94.Tatlı Biber Turşusu

İÇİNDEKİLER:
- 10-12 kırmızı biber
- 1 su bardağı pekmez veya esmer şeker
- 1/2 bardak demirhindi posası
- 1 çay kaşığı kimyon tohumu
- 1 çay kaşığı rezene tohumu
- Tatmak için tuz
- Gerektiği kadar su

TALİMATLAR:
a) Bir tencerede kırmızı biberleri, jaggery'yi (veya esmer şekeri), demirhindi posasını, kimyon tohumlarını, rezene tohumlarını, tuzu ve malzemeleri kaplayacak kadar suyu birleştirin.
b) Karışım kalınlaşıncaya ve biberler yumuşayana kadar ara sıra karıştırarak orta ateşte pişirin.
c) Biraz soğumasını bekledikten sonra blendera aktarın.
ç) Pürüzsüz olana kadar karıştır.
d) Bir kavanoza aktarın ve soğutun. Bu Hint turşusu, pakoralar, samosalar gibi Hint atıştırmalıkları için bir çeşni olarak veya Çin böreği için daldırma sosu olarak harikadır.

95. Hindistan Cevizli Biber Turşusu

İÇİNDEKİLER:
- 1 su bardağı taze rendelenmiş hindistan cevizi
- 6-8 adet doğranmış yeşil biber
- 1 yemek kaşığı kavrulmuş chana dal (bölünmüş nohut)
- 1 yemek kaşığı demirhindi ezmesi
- Tatmak için tuz
- Gerektiği kadar su

TALİMATLAR:
a) Bir karıştırıcıda rendelenmiş hindistan cevizini, doğranmış yeşil biberleri, kavrulmuş chana dal'ı, demirhindi ezmesini ve tuzu birleştirin.
b) Biraz su ekleyin ve pürüzsüz hale gelinceye kadar karıştırın, gerekirse istenilen kıvama ulaşmak için daha fazla su ekleyin.
c) Servis kasesine aktarın ve dosas, idlis veya vadas ile sos olarak servis yapın.

96.Dolmalık Biber Chili Chutney

İÇİNDEKİLER:
- 2 kırmızı biber, doğranmış
- 2 yeşil biber, doğranmış
- 1 soğan, doğranmış
- 2 diş sarımsak, kıyılmış
- 1 yemek kaşığı zencefil, kıyılmış
- 1/4 bardak sirke
- 2 yemek kaşığı bal
- Tatmak için tuz
- 1 yemek kaşığı yağ

TALİMATLAR:
a) Yağı bir tavada ısıtın ve doğranmış soğanı, sarımsağı ve zencefili yarı saydam olana kadar soteleyin.
b) Doğranmış biberleri ve yeşil biberleri ekleyip biberler yumuşayıncaya kadar pişirin.
c) Sirke, bal ve tuzu karıştırın. Birkaç dakika daha pişirin.
ç) Karışımı hafifçe soğumaya bırakın, ardından bir karıştırıcıya aktarın.
d) Pürüzsüz olana kadar karıştır.
e) Bir kavanoza aktarın ve soğutun. Bu Hint turşusu sandviçler, dürümler veya ızgara etler için mükemmel bir çeşnidir.

CEVİZ HASTALIĞI

97.Fıstık Chutney

İÇİNDEKİLER:
- 1 su bardağı kavrulmuş fıstık
- 2-3 yeşil biber
- 2 diş sarımsak
- 1 inçlik zencefil parçası
- 1 yemek kaşığı demirhindi ezmesi
- Tatmak için tuz
- Gerektiği kadar su
- Temperleme: 1 yemek kaşığı yağ, 1 çay kaşığı hardal tohumu, 1 çay kaşığı urad dal (bölünmüş siyah gram), bir tutam asafoetida (hing), birkaç köri yaprağı

TALİMATLAR:
a) Bir karıştırıcıda kavrulmuş fıstıkları, yeşil biberleri, sarımsağı, zencefili, demirhindi ezmesini ve tuzu birleştirin.
b) Gerektiğinde su ekleyerek kaba bir macun haline getirin.
c) Tavlamak için yağı küçük bir tavada ısıtın. Hardal tohumu, urad dal, asafoetida ve köri yapraklarını ekleyin. Bırakın dağılsınlar.
ç) Tavayı turşunun üzerine dökün ve iyice karıştırın.
d) Dosa, idli veya pilavla servis yapın.

98.Badem Chutney

İÇİNDEKİLER:
- 1 su bardağı badem, ıslatılmış ve soyulmuş
- 2-3 yeşil biber
- 1/2 su bardağı rendelenmiş hindistan cevizi
- 1 yemek kaşığı demirhindi ezmesi
- Tatmak için tuz
- Gerektiği kadar su
- Temperleme: 1 yemek kaşığı yağ, 1 çay kaşığı hardal tohumu, 1 çay kaşığı urad dal (bölünmüş siyah gram), bir tutam asafoetida (hing), birkaç köri yaprağı

TALİMATLAR:
a) Bir karıştırıcıda ıslatılmış ve soyulmuş bademleri, yeşil biberleri, rendelenmiş hindistan cevizini, demirhindi ezmesini ve tuzu birleştirin.
b) Gerektiğinde su ekleyerek pürüzsüz bir macun haline getirin.
c) Tavlamak için yağı küçük bir tavada ısıtın. Hardal tohumu, urad dal, asafoetida ve köri yapraklarını ekleyin. Bırakın dağılsınlar.
ç) Tavayı turşunun üzerine dökün ve iyice karıştırın.
d) Dosa, idli veya pilavla servis yapın.

99.Kaju Fıstığı Chutney

İÇİNDEKİLER:
- 1 bardak kaju fıstığı, ıslatılmış
- 2-3 yeşil biber
- 1/2 su bardağı rendelenmiş hindistan cevizi
- 1 yemek kaşığı demirhindi ezmesi
- Tatmak için tuz
- Gerektiği kadar su
- Temperleme: 1 yemek kaşığı yağ, 1 çay kaşığı hardal tohumu, 1 çay kaşığı urad dal (bölünmüş siyah gram), bir tutam asafoetida (hing), birkaç köri yaprağı

TALİMATLAR:
a) Bir karıştırıcıda ıslatılmış kaju fıstıklarını, yeşil biberleri, rendelenmiş hindistan cevizini, demirhindi ezmesini ve tuzu birleştirin.
b) Gerektiğinde su ekleyerek pürüzsüz bir macun haline getirin.
c) Tavlamak için yağı küçük bir tavada ısıtın. Hardal tohumu, urad dal, asafoetida ve köri yapraklarını ekleyin. Bırakın dağılsınlar.
ç) Tavayı turşunun üzerine dökün ve iyice karıştırın.
d) Dosa, idli veya pilavla servis yapın.

100. Ceviz Chutney

İÇİNDEKİLER:

- 1 su bardağı ceviz
- 2-3 adet kurutulmuş kırmızı biber
- 1/2 su bardağı rendelenmiş hindistan cevizi
- 1 yemek kaşığı demirhindi ezmesi
- Tatmak için tuz
- Gerektiği kadar su
- Temperleme: 1 yemek kaşığı yağ, 1 çay kaşığı hardal tohumu, 1 çay kaşığı urad dal (bölünmüş siyah gram), bir tutam asafoetida (hing), birkaç köri yaprağı

TALİMATLAR:

a) Bir karıştırıcıda cevizleri, kurutulmuş kırmızı biberleri, rendelenmiş hindistan cevizini, demirhindi ezmesini ve tuzu birleştirin.
b) Gerektiğinde su ekleyerek kaba bir macun haline getirin.
c) Tavlamak için yağı küçük bir tavada ısıtın. Hardal tohumu, urad dal, asafoetida ve köri yapraklarını ekleyin. Bırakın dağılsınlar.
ç) Tavayı turşunun üzerine dökün ve iyice karıştırın.
d) Dosa, idli veya pilavla servis yapın.

ÇÖZÜM

"HİNT TURŞUSU HAYATI YEMEK KİTABI" ile yolculuğumuzu tamamlarken, Hint turşusu yapma sanatına dalmak ve bu sevilen çeşnin sunduğu zengin tatlar ve gelenekleri keşfetmek için ilham aldığınızı umuyoruz. İster deneyimli bir şef, ister acemi bir aşçı olun, bu sayfalarda herkesin keyif alacağı bir şeyler var.

Farklı Hint turşusu tarifleri ve lezzetlerini denemeye devam ettikçe, yaptığınız her parti size neşe, tatmin ve Hindistan'ın mutfak mirasına daha derin bir takdir getirsin. İster Hint turşularını sevdiklerinizle paylaşıyor olun, ister arkadaşlarınıza ve komşularınıza ev yapımı kavanozlar hediye ediyor olun, ister sadece günlük yemeklerinizin bir parçası olarak bunlardan keyif alıyor olun, Hint turşusu yapma ve tadını çıkarma deneyimi hayatınızı zenginleştirsin ve sofranıza Hindistan'ın lezzetini getirsin.

Hint turşusu yapma sanatında bu lezzetli yolculuğa bize katıldığınız için teşekkür ederiz. Mutfağınız baharatların, şifalı otların ve taze malzemelerin aromalarıyla , yemekleriniz leziz Hint turşularının lezzetleriyle, kalbiniz güzel yemekler pişirmenin ve paylaşmanın neşesiyle dolsun. Tekrar buluşana kadar, mutlu Hint turşusu yapımı ve afiyet olsun!

www.ingramcontent.com/pod-product-compliance
Lightning Source LLC
Chambersburg PA
CBHW071902110526
44591CB00011B/1522